ACCESO GRATIS *a la Lectura en la Nube*

Para visualizar el libro electrónico en la nube de lectura envíe junto a su nombre y apellidos una fotografía del código de barras situado en la contraportada del libro y otra del ticket de compra a la dirección:

ebooktirant@tirant.com

En un máximo de 72 horas laborales le enviaremos el código de acceso con sus instrucciones.

LA PROBLEMATIZACIÓN DE LA CALIDAD PROCESAL Y PERSONERÍA DE LOS ÓRGANOS DE FISCALIZACIÓN

Una mirada desde los principios del Sistema Nacional Anticorrupción

LA PROBLEMATIZACIÓN DE LA CALIDAD PROCESAL Y PERSONERÍA DE LOS ÓRGANOS DE FISCALIZACIÓN

Una mirada desde los principios del Sistema Nacional Anticorrupción

Autor:
MARCOS VERA BADÍAS

tirant lo blanch
Ciudad de México, 2024

En caso de erratas y actualizaciones, la Editorial Tirant Humanidades publicará la pertinente corrección en la página web www.tirant.com/mex/.

Este libro será publicado y distribuido internacionalmente en todos los países donde la Editorial Tirant lo Blanch esté presente.

© TIRANT LO BLANCH
DISTRIBUYE: TIRANT LO BLANCH MÉXICO
Av. Tamaulipas 150, oficina 502
Hipódromo, Cuauhtémoc, 06100, Ciudad de México
TELFS.: +52 1 55 65502317
infomex@tirant.com
www.tirant.com/mex/
www.tirant.es
Librería virtual: www.tirant.es
ISBN: 978-84-1056-148-9

Esta obra fue sometida a proceso de dictaminación académica bajo el principio de doble ciego.

Si tiene alguna queja o sugerencia, envíenos un mail a: *atencioncliente@tirant.com*. En caso de no ser atendida su sugerencia, por favor, lea en *www.tirant.net/index.php/empresa/politicas-de-empresa* nuestro procedimiento de quejas.

Responsabilidad Social Corporativa: *http://www.tirant.net/Docs/RSCTirant.pdf*

Autor

Marcos Vera Badias es Licenciado en Derecho por la Universidad Autónoma de Yucatán y Maestro en Derecho Anticorrupción por el Centro de Estudios de Posgrado. Con experiencia de Docente Universitario en el Colegio Libre de Estudios Universitarios y el Seminario Mayor de Yucatán; con formación filosófica en la escuela del realismo metafísico-ontológico. Se desempeñó en el ámbito privado como abogado postulante y posteriormente ingresó a la Auditoría Superior del Estado de Yucatán dónde se ha especializado en materia de auditoría y fiscalización, así como en la investigación de faltas administrativas y como representante de esta misma institución en materia de oralidad penal. Como parte de sus labores, ha sido impulsor del reconocimiento de la legitimación del órgano de fiscalización de Yucatán en las instancias penales y de amparo, alcanzando la competencia de la Suprema Corte de Justicia de la Nación para el estudio y resolución definitiva de dichos temas.

Índice

Dedicatoria

A Dios...

A mis padres y hermanos...

A Cindy...

A mis estimados y apreciados amigos Abraham y Aarón...

Al Auditor Superior C.P. Mario...

A mis apreciados compañeros de la Auditoría Superior del Estado de Yucatán...

A mis apreciados y apreciables amigos del grupo que tuvimos a bien llamar "La Divina Comedia"...

Prólogo

M.S.J.P.A.L.O AARÓN AZAEL CÁMARA CABALLERO.
DIRECTOR JURÍDICO DE LA AUDITORÍA SUPERIOR DEL ESTADO DE YUCATÁN

Muchas son las dudas que nos asaltan como apasionados del derecho, tratándose de temas poco abordados, donde la bibliografía es escasa y los criterios confusos, es por eso que me he tomado el tiempo necesario y un poco más -he de aceptar- para disfrutar de esta obra que hoy tienes en tus manos y, de la que estoy seguro surgirán nuevas perspectivas que en alguna medida pueden ayudar a vislumbrar un horizonte más claro que aquel que hoy se tiene.

La visión de quien escribe, se encuentra enriquecida de aquellas experiencias que de manera directa ha obtenido como parte del máximo órgano fiscalizador estatal, por lo que seguramente será del interés no solo de quienes contamos con la oportunidad de tener contacto con la fiscalización y con el procedimiento penal acusatorio, sino de todo aquel que desee explorar de manera muy amena este campo y obtener herramientas que de manera muy precisa permitan comprender el porqué de la insistencia de tener el reconocimiento del denunciante en un tema tan complejo como lo es el combate a la corrupción.

En innumerables ocasiones hemos escuchado y leído que la fiscalización es el *primer frente contra la corrupción,* sin embargo, considero que puede ser mejorado y dar lugar a "*la fiscalización como un frente constante en el combate a la corrupción*" y, es que de poco sirve que aquellos procesos penales iniciados por la noticia criminal dada por el órgano fiscalizador, encuentren obstáculos para culminar en sanciones y penas, *prima facie* por lo complejo del asunto, por la falta de voluntad política de los representantes de los entes afectados o simplemente por su desconocimiento.

A lo anterior hay que sumar la concepción social acerca del combate al fenómeno de la corrupción, que se erigió como causa de la génesis del Sistema Nacional Anticorrupción (SNA); y es del que resulta necesario cuestionarse ¿es indispensable un nuevo órgano en donde coincidan los representantes de las autoridades involucradas en el combate, disuasión y sanción por hechos de corrupción? quedaría lejos de brindar una respuesta atinada si solamente se considera a los entes involucrados, a partir de las competencias con las que cuentan, sin considerar el catalizador del Sistema, como lo es el Comité de Participación Ciudadana, quien reviste un especial interés y participación en todo el engranaje del SNA.

Debe advertirse que, la principal función del SNA es la generación de políticas públicas en materia de combate a la corrupción, función coincidente del Sistema Estatal Anticorrupción, luego entonces, no existe mejor lugar para plantearlas que, desde el seno de quienes se encuentran involucrados e inmersos en esta lucha incesante; esta sinergia entre instituciones y ciudadanía, trajo a la luz la Política Estatal Anticorrupción para el estado de Yucatán, dentro de la cual se consideró como las causas de impunidad la baja coordinación para investigar y detectar faltas administrativas y hechos de corrupción; inadecuado seguimiento de denuncias ciudadanas en materia de faltas administrativas y hechos de corrupción y la insuficiente capacidad institucional para la detección, investigación, substanciación y sanción de faltas administrativas y hechos de corrupción; resulta por demás interesante y necesaria –tratándose de la investigación de hechos posiblemente delictuosos- la colaboración, comunicación y coordinación que debe existir entre quienes denuncian –con motivo de su competencia- y la Fiscalía Especializada, para que aquellas carpetas de investigación que sean judicializadas, obtengan un fallo condenatorio, sumando así confianza de la ciudadanía en las instituciones involucradas.

La frase *"la fiscalización como un frente constante en el combate a la corrupción"* debe entenderse desde aquellas competencias que le fueron encomendadas constitucionalmente al Órgano de Fiscalización Superior, quien como parte de sus funciones se convierte permanentemente en guardián del patrimonio de los entes a quienes fiscaliza, lo que se dice –en el contexto que acá se escribe- a partir de dos vertientes; la primera devenida de su labor programada de auditoría, por medio de la cual adquiere conocimientos de hechos irregulares, a partir de los cuales se podría configurar algún delito y a partir del seguimiento a tal conocimiento, de manera inevitable converge con las disposiciones del Código Nacional, al poder denunciarlos ante el ministerio público competente; es a partir de lo anterior que se da cabida a la segunda vertiente, consistente en coadyuvar con el ministerio público en la investigación, pudiendo proporcionar aquellos datos de prueba con los que cuente y, a partir de las atribuciones de las que fue dotada, solicitar la práctica de actos de investigación, pudiendo impugnar las omisiones del ministerio público y sus determinaciones, cuando la reparación del daño no esté satisfecha; condición última que advierte la calidad de guardián permanente en la que se erige el órgano.

Evidenciada la calidad del Órgano, es acertado realizar el análisis de lo que debe entenderse como susceptible de ser reparado y es que bajo la sistematización en la que se encuentra redactada cualquier código punitivo, es evidente que los delitos por hechos de corrupción no son necesariamente delitos patrimoniales, puesto que no dañan únicamente la hacienda o el patrimonio de las instituciones, sino que le asiste la característica pluriofensiva, lo interesante será entonces ¿Qué es lo que protegen los delitos por hechos de corrupción?

Poco acierto se advierte a quien han tratado de limitar la participación del ente fiscalizador, como mera actualización de la figura de denunciante por disposición expresa –cuando no aislada- del deber de denunciar que contempla el Código Nacional de Procedimientos Penales; y es que, para concebir tal figura aislada, hay que negar todo el entramado legislativo proveniente de la reforma iniciada aquel lejano mayo de dos mil quince, afirmando y tratando de convencerse a sí mismo, que no existe disposición más que el Código Adjetivo.

De manera atinada y congruente, se aborda en este texto aquella justificación de la participación y figura del órgano de Fiscalización Superior, para ser escuchado en audiencia y, en un plano de igualdad, controvertir y combatir las determinaciones que generan una afectación, sin importar que no le sean propias, justificando este interés en la ontología del ente.

Si bien, el combate a la corrupción en México no es un tema del todo novedoso, su intensidad se ha acrecentado recientemente; la creación de la Secretaría General de la Contraloría de la Federación en 1982, fue proseguido en 1999 por la sustitución de la Contaduría Mayor de Hacienda de la Cámara de Diputados, por la Auditoría Superior de Fiscalización a quien, siguiendo las directrices de la Declaración de Lima, se le encomendó la fiscalización superior de la cuenta pública, lo que naturalmente incluye el manejo, administración y custodia de recursos públicos, como una labor de carácter externo no se encuentra sujeta a la aprobación del ejecutivo al no ser parte de este poder, sino a la aprobación del Legislativo por ser un dependiente del mismo, otorgándole autonomía técnica y de gestión, lo que dotó a la función de fiscalización de objetividad e imparcialidad.

Lo anterior es un asomo a aquella idoneidad de la Auditoría para poder participar en los procesos penales, y es que el tema central de esta obra no descansa en justificar la existencia y las razones de necesitar a un Órgano de Fiscalización Superior, sino que se adentra a aquellos razonamientos que permiten dotar de justificación su permanencia en ulteriores etapas, a grado tal de llegar al juicio de control constitucional.

Esta obra sin duda, te invita a generar una conclusión propia respecto a lo que se aborda, cataloga y analiza, y es que pareciera que, aun para quienes debería de haber claridad, no la hay del todo; la conclusión que se plantea puede ser del agrado de muchos y por supuesto que admite disentimiento; pero, llegado el momento de formularse la propia, coincido con el autor en que, deberá concebirse desde diversas aristas y evitar ese razonamiento cerrado a aquello que el Código previó, en su texto que permanece desde antes de la reforma que permite justificar la necesidad de escribir al respecto.

Presentación

Las labores de auditoría desde su vertiente de fiscalización superior, a veces llamada también *auditoría externa,* traen aparejadas dinámicas enrevesadas en su desempeño técnico, técnico jurídico, y meramente jurídico, complejidad de actuaciones que se explican por la naturaleza de sus funciones, que para mayor problematización, son también equidistantes con múltiples ramas del derecho, formas de organización administrativa, poderes de la unión constituidos a nivel estatal y federal, e incluso, son abarcables a múltiples disciplinas del conocimiento humano, de cuyo dominio depende una concreción de labores bajo un esquema especializado que se mandata constitucionalmente; esto por supuesto, se afirma de esa manera sin el ánimo de menospreciar a otras entidades públicas que pueden ubicarse en una circunstancia similar. La operatividad eficaz de una Auditoría Superior desborda su mera labor primigenia de *vigilancia* de ejercicio de los recursos, labor que por sí sola y como ya se afirmó, implica la necesidad de especialización técnica en contabilidad, sobretodo gubernamental, obra pública y evidentemente, de auditoría; temas, disciplinas y ramas que, cada una, se implican en un calado técnico profundo, que al mismo tiempo guardan una relación con multiplicidad de dimensiones de índole jurídica. En ese sentido, la experiencia en la operatividad jurídica de los *senderos* procesales que únicamente inician en la labor toral de un órgano de fiscalización, obligó al equipo jurídico de la Auditoría Superior del Estado de Yucatán (ASEY), para el que este autor colabora, a transitar por múltiples instancias en diversas materias ante las que nos hemos topado con diversos: criterios emitidos, discernimientos judiciales y administrativos, que nos han empujado a sujetarnos a una reinvención en nuestras herramientas argumentales, sobretodo, y de la cual versa la tesis fundamental de esta obra, es decir, en la concepción del lugar que ocupa y el papel que desempeña una Auditoría Superior.

La Auditoría Superior del Estado de Yucatán (ASEY), experiencia desde la que se expone este texto, ha visto necesaria la redimensión y reinterpretación de los distintos *papeles* que un órgano de fiscalización local puede asumir en la pluridisciplinaria *palestra* del combate a la corrupción, papeles que pueden ser desde: fiscalizador, auditor, denunciante de hechos de corrupción, parte procesal en el procedimiento penal, autoridad investigadora o bien autoridad sustanciadora y parte acusadora en el procedimiento administrativo disciplinario y/o sancionador y como pináculo, quejoso en el juicio de amparo etc. En este escenario, se tornó en un imperativo consolidar un cuerpo común acerca de las atribuciones y calidades que creemos asisten al órgano de fiscalización para el que laboramos, y así, allegarnos de los argumentos y herramientas de interpretación que nos permitan defenderlas ante las autoridades en las que hemos tenido a bien comparecer, para así construir un *mínimo* del cual partir y defender lo que a nuestro juicio, es de suyo, atribuible a un órgano de fiscalización local.

Las experiencias en las múltiples instancias en las que hemos tenido a bien procurar comparecer como órgano de fiscalización, han venido aparejadas con un *a priori* adverso siempre directamente relacionado con la calidad que este órgano de fiscalización debe revestir y que nos obliga, de entrada, a esbozar argumentos que legitimen esa calidad en cada instancia que se ha pretendido aperturar. Los resultados que se han arrojado como parte de las manifestaciones para justificar nuestras calidades han sido disímiles; los criterios producidos, podemos resumir, se han colocado en matices entre dos extremos: el que reduce a la Auditoría a un mero proveedor de insumos para eventuales caudales probatorios y posteriormente no dotarle de mayor relevancia que la de un mero espectador, y aquel que le otorga sustancialmente la calidad procesal, sin ser óbice la circunstancia de no ser el titular de los recursos y/o patrimonio que *vigila y fiscaliza,* por concebir a los órganos de fiscalización desde una representación del Estado que detenta de modo *tácito,* para efectos de defender los intereses de este último en materia de los bienes y recursos cuya administración y ejercicio, efectivamente fiscaliza.

Esta obra pretende ser un repaso de los escenarios que como órgano de fiscalización local, la ASEY ha tenido que enfrentar, y los argumentos que esencialmente ha tenido que dirimir para apersonarse en distintas instancias, sentando como tesis central de la presente obra, la dialéctica argumental que a nuestro juicio le permite el acceso al control constitucional en el juicio de amparo en calidad de quejoso, incluso bajo el entendido de que se trata de una persona moral pública, que no acude a este juicio, en *defensa* de su patrimonio, sino de entes externos, que son los que vigila y fiscaliza. Esperamos que lo aquí esbozado sea de utilidad para aquellos compañeros servidores públicos colaboradores de órganos de fiscalización que pretendan allegarse de argumentación que les permita medios de defensa ante una eventual arbitrariedad que, de entrada, se centre en arrebatar su acceso a alguna instancia, especialmente cuando esta gire alrededor de su naturaleza de persona moral pública y por supuesto, desde la interpretación *literal* de sus funciones centrales de vigilante, garante y fiscalizador de las haciendas públicas de entes diversos a sí mismas; también, este desarrollo pretende ser una matriz concentradora de criterios que penetre en instancias de índole jurisdiccional y sea tomada en cuenta también en el tratamiento de los órganos de fiscalización por parte de las Fiscalías Especializadas en materia de combate a la corrupción, Fiscalías para con las que incluso estamos llamados a una reciprocidad coordinadora por sistematización anticorrupción a nivel constitucional.

Introducción

La labor fiscalizadora por su propia naturaleza, resulta una actividad que ubica a los organismos públicos encargados de llevarla a cabo, en una encrucijada de múltiples vías por encontrarse, desde la fundamentación de sus marcos regulatorios en el supuesto de agotamiento de distintas calidades procesales y ante diversas instancias. Desde su concepción más inmediata de fiscalizador, es sin duda: autoridad, pero al mismo tiempo, y podemos decir, en sentido contrario, esta misma, como consecuencia de la emisión de sus resultados como ente auditor y fiscalizador, puede ser sujeto pasivo a partir de ser demandada desde vía ordinaria, ante instancia judicial-administrativa; y de modo antinómico a lo inmediatamente anterior dicho, estas pueden materializarse como un *persecutor* en materia de faltas administrativas graves; para mayor complejidad acerca de la figura de estas personas morales oficiales, está también facultada a nuestro juicio, para revestir calidad especial en materia penal alineada a los intereses de las fiscalía especializadas en combate a la corrupción y los entes fiscalizados que han visto dañado su patrimonio como parte de hechos de corrupción con apariencia de delitos. Esta multiplicidad de materias que se describieron como parte de la multifacética naturaleza de una Auditoría, incluyen también: la propia de auditoría, la de fiscalización, la de administrativo en su vertiente resarcitoria, la de administrativo en su vertiente disciplinaria y como ya se abordó parcialmente, la penal, en su etapa de investigación y en su etapa judicial, y a la que debe añadirse, a nuestro juicio y en los términos que serán expuestos a lo largo de esta obra como pináculo y tesis central, la del control constitucional o juicio de amparo, por ubicarse los fiscalizadores como parte del ejercicio de todas esas funciones, materia e instancias, en un plano de horizontalidad a los gobernados.

Como parte de la propia experiencia en el andamiaje y operación jurídico – administrativa de un órgano fiscalizador, en particular en el estado de Yucatán, nos hemos enfrentado a diversas problemáticas, devenidas de diversas instancias, autoridades y etapas procesales que normalmente giran alrededor de una interrogativa: ¿Qué alcance tiene el interés de la Auditoría Superior del Estado como el ente auditor y fiscalizador de recursos que le son ajenos a su patrimonio? aquí *patrimonio* utilizado como expresión restringida a lo que es de suyo, bienes y derechos de los que la Auditoría es titular.

La interrogativa planteada puede reducirse por supuesto, a una respuesta inmediata y desde una vertiente totalmente literal, para afirmar que, en efecto, al órgano de fiscalización no le asiste interés jurídico ni legítimo ninguno más allá de las atribuciones expresas que se le confieren, y *ergo* debe ceñirse a las dichas, para que aquello en lo que se manifieste un atisbo que las exceda, se siente un *a priori* de carencia de legitimación para estimar no procedente cualquier apersonamiento; en contrasentido, aquí esgrimiremos las razones que de modo toral sostienen una visión y argumentación en la que los órganos de fiscalización tienen un papel mucho más relevante que el de un mero auditor que debe mantenerse ajeno a todo aquello que desde un plano de la *literalidad* de sus atribuciones no se le confiera, con el debido excurso de que esto no debe ser entendido como un llamado a contravenir el básico principio de legalidad en su vertiente de reserva de ley[1], para de esa manera

---

1 "(...)Este modo de ver el imperio de la ley como condición para cualquier limitación de los derechos fundamentales, es comúnmente denominado principio de reserva de ley, según el cual "los derechos fundamentales pueden ser restringidos por ley, en cuanto expresión legítima de la voluntad de una nación".14 Así se entiende que la reserva de ley es una manifestación concreta del principio de legalidad y no un principio autónomo e independiente, pues su función se precisa en reafirmar el principio de "sujeción

ceñir nuestra atención en que le asiste interés a los órganos de fiscalización para ejercer, incluso, como parte procesal de quejosa en el juicio de amparo.

La cima desde la que de alguna manera puede hacer descender a las demás instancias la relevancia de la calidad procesal que debe asistir a los órganos de fiscalización en aquellas en las que intervengan, es a nuestro juicio: su acceso al juicio de amparo con el debido reconocimiento de su interés jurídico para tratársele como *quejoso.* El apersonamiento por parte de las morales públicas en general, es un tema que puede abarcar múltiples aspectos y diversas consideraciones doctrinales y que debe atenderse a partir de, *prima facie*: la naturaleza jurídica de la persona moral oficial, de las atribuciones que le asisten a partir de su marco regulatorio, de las instancias en las que se desempeña y ante las que comparece; esta síntesis de premisas, se contrasta y sintetizan con el numeral 7[2] de la Ley de amparo

---

a derecho". Esta visión que relaciona uno y otro concepto es asumida por la misma Corte cuando afirma que la reserva de ley: Dentro del constitucionalismo democrático, es un elemento esencial para que los derechos del hombre puedan estar jurídicamente protegidos y existir plenamente en la realidad. Para que los principios de legalidad y reserva de ley constituyan una garantía efectiva de los derechos y libertades de la persona humana, se requiere no sólo su proclamación formal, sino la existencia de un régimen que garantice eficazmente su aplicación y un control adecuado del ejercicio de las competencias de los órganos. (...)" LONDONO LAZARO, María Carmelina. El principio de legalidad y el control de convencionalidad de las leyes: confluencias y perspectivas en el pensamiento de la Corte Interamericana de Derechos Humanos. Bol. Mex. Der. Comp. [online]. 2010, vol.43, n.128 [citado 2023-05-30], pp.761-814. Disponible en: <http://www.scielo.org.mx/scielo.php?script=sci_arttext&pid=S0041-86332010000200007&lng=es&nrm=iso>. ISSN 2448-4873.

2 Artículo 7o. La Federación, los Estados, el Distrito Federal, los municipios o cualquier persona moral pública podrán solicitar ampa-

que expresamente regula el acceso al juicio de amparo de las persona morales públicas, y sienta tres requisitos fundamentales para tal supuesto normativo: (1) que la moral acuda al control constitucional desde su representación regulada, (2) que acuda a dicha instancia en razón de una afectación a su patrimonio y finalmente (3) que acuda en un plano de horizontalidad, es decir, igualdad respecto de cualquier gobernado.

Contemplar el acceso al juicio de amparo para figuras que de modo quimérico, tienen la potencialidad de detentar la naturaleza de una autoridad, pero al mismo tiempo la de agotar la figura de quejoso, asiste a razones que se encuentran fundamentalmente en que las personas morales públicas pueden ser abandonadas a un estado de indefensión bajo determinados supuestos y circunstancias, sin que esto sea óbice del concepto esencial de este instrumento jurídico que suele definirse como una instancia de control de grado constitucional en la que se pretende una salvaguarda de la esfera de derechos de los gobernados por antonomasia[3].

---

ro por conducto de los servidores públicos o representantes que señalen las disposiciones aplicables, cuando la norma general, un acto u omisión los afecten en su patrimonio respecto de relaciones jurídicas en las que se encuentren en un plano de igualdad con los particulares. (…)

3 "(…) El núcleo del orden constitucional se encuentra en los derechos humanos que reconoce la ley fundamental. Su garantía es el fin que legitima la organización estatal porque es el propósito que justifica que unas personas impongan su voluntad sobre otras. Entendidos como prerrogativas que el Estado debe reconocer y asegurar a los ciudadanos sometidos a su autoridad) el respeto y el pleno goce de los derechos humanos se convierte en el fin último de todo poder público. Sin embargo, los derechos humanos no siempre son observados por el Estado, que debe ser su garante, ni por otras personas a las que también se impone su cumplimiento. Siempre es posible que acontezcan vulneraciones más o menos importantes a estos derechos) y en ocasiones estas afectaciones pueden ser de muy

Esto que en si mismo puede implicar una problemática de subsunción, puede agravarse a partir de la naturaleza de la multiplicidad de atribuciones y competencias que una persona moral oficial puede ejercer, y además, puede añadirse aún mayor complicación a este ejercicio, si se valora la forma de organización administrativa y nivel de gobierno en el que la persona moral oficial puede encuadrarse, de tal suerte, que el acceso a una manifestación del Estado Mexicano al instrumento que en términos generales tiende a ser la barrera de protección respecto de este por parte de los gobernados, es en si mismo un dilema que requiere echar mano de diversos niveles de análisis, métodos de interpretación y conceptos doctrinales

---

intensa gravedad. El compromiso estatal para con los derechos básicos de las personas no se limita entonces a declarar su adhesión a ellos, o a simplemente disponer su respeto. Es preciso que existan las más diversas garantías que contribuyan a dar certeza de que los derechos humanos serán respetados, y a evitar que sean menoscabados o a reparar los perjuicios que sufran cuando de una manera u otra se impida a las personas gozarlos al máximo posible.

Entre todo el elenco de instrumentos jurídicos que sirven para asegurar la vigencia de los derechos humanos se encuentra la necesidad de que el propio Estado prevea un recurso judicial efectivo ¡como dispone el artículo 25.1 de la CADJ 17 que pueda reparar las violaciones que sufran estos derechos. Es preciso que exista un procedimiento por el cual una autoridad judicial, por la independencia e imparcialidad que debe caracterizarla, adopte una decisión objetiva sobre los alcances de los derechos de las personas y pueda protegerlos de manera vigorosa. El juicio de amparo mexicano es el paradigma de dicho recurso judicial efectivo. Esta institución procesal, ya tradicional y plenamente asimilada en la cultura de nuestro país) fue pionera en la protección de los derechos fundamentales. Además) constituyó el modelo que se tuvo en mente para establecer a nivel internacional la obligación de los estados de instaurar una herramienta procesal que permitiera reparar las violaciones que podrían sufrir los derechos de las personas. (…)"

Sánchez Gil, R. (2018). Reforma al juicio de amparo. México, D.F, Mexico: FCE - Fondo de Cultura Económica.

que nos coloquen en la facultad de concluir en cada caso particular si estamos ante una persona moral oficial que efectivamente puede acceder al control constitucional como *quejoso.*

En el caso de este ensayo y como se mencionó, el análisis estará centrado en la figura de los órganos de fiscalización y su eventual acceso a un juicio de amparo como quejoso, y las calidades procesales que puede detentar en otras, con el respectivo análisis, en el caso del amparo, de la premisa fundamental que permite agotar esa figura procesal, a saber, el interés, sea este legítimo o jurídico porque como será desarrollado, estimar lo contrario sería una contravención *latu sensu* de los principios sentados por el Estado mexicano en la reforma del combate a la corrupción y de modo más estricto, una contravención a la posibilidad de materializar el derecho humano a vivir en un ambiente libre de corrupción por parte de los gobernados.

Cómo último punto relevante antes de entrar de lleno a nuestro estudio, este también reviste la intención de fungir como una guía que abarca los puntos elementales que puedan ser de utilidad para que las *personas morales públicas* de modo amplio, y los órganos de fiscalización de modo estricto, elaboren argumentación para efectos de apersonarse en diversas instancias, destacando la de control constitucional por excelencia que es el juicio de amparo, en aquellos casos y supuestos en los que, claro está, se cumplan la circunstancias y hechos jurídicos que así lo ameriten.

1. La reforma del año 2015 y la fundación del sistema nacional antirorrupción ¿qué relevancia tienen los órganos de fiscalización al respecto?

Como apertura de la presente obra, valoramos como imperativo hacer un breve análisis del fenómeno de la corrupción en conjunto con un abordaje somero de las herramientas jurídicas que de modo generalizado, se instituyeron como parte de la reforma en materia de combate a la corrupción en el año dos mil quince.

1.1 LA CORRUPCIÓN, SU PERCEPCIÓN VS LA PERCEPCIÓN DE SU COMBATE

Bajo la premisa de que la corrupción, normalmente asimilada y percibida en el sector público, ha constituido uno de los problemas sociales que han tenido mayor relevancia en el imaginario colectivo de la sociedad mexicana desde hace varias décadas, y fundándose en distintos puntos de convencionalidad y de modo no menos importante, de los reclamos sociales persistentes que exigían la creación de mecanismos estatales que sean efectivos en el combate a esta lacra, se engendró en la vida normativa de este país, la que finalmente sería bautizada como la reforma constitucional en materia de combate a la corrupción aprobada en el año dos mil quince:

> *"1.4.- El dictamen de reforma constitucional para implementar el SNA A través de la Declaratoria de publicidad de los dictámenes, entre otras cuestiones se expresó:*

> *1.4.1.- Algunos datos sobre la corrupción en México Según datos del Índice Nacional de Corrupción y Buen Gobierno, para el año 2010, las mordidas para acceder o facilitar trámites y servicios públicos alcanzaron los 32 mil millones de pesos. En el mismo año, el Índice registró 200 millones de actos de corrupción en los distintos órdenes de gobierno. Según el Barómetro de las Américas, en 2010 el 77% de los ciudadanos encuestados percibieron índices altos de corrupción en el país. Las externalidades de la corrupción no sólo afectan el están dar de responsabilidad ética-jurídica de los servidores públicos y particulares relacionados con la función pública, sino que impactan en el crecimiento económico nacional: según el Foro Económico Mundial, la corrupción es la mayor barrera a la entrada para hacer negocios en México, aun por encima de la inseguridad."*[1]

La corrupción como fenómeno ético, moral, social e incluso religioso y de las consecuencias que esta genera, requiere de atención propia y no es el tema central de la presente obra, aunque lógicamente se relaciona de modo indirecto. En términos generales acerca de la corrupción, su origen y su percepción se puede citar, entre muchos otros, a Chavarría que destaca:

> *"La corrupción en México, además de ser un fenómeno complejo y con múltiples causas, encuentra una de sus explicaciones en la herencia de un sistema político presidencialista autoritario, con partido hegemónico, en donde el poder del presidente no tenía límites ni controles, aun con la existencia de los poderes Judicial y Legislativo, con partidos de oposición y elecciones regulares, pero no competitivas."*[2]

De la herencia mencionada por Chavarría, se puede abarcar de modo sintetizado que nos encontramos ante una serie de problemas estructurales que iniciaron ciclos de corrupción

---

1 Reyes Altamirano, R. (2017). Guía sobre el procedimiento de responsabilidad en el Sistema Nacional Anticorrupción. Tax Editores Unidos. México, D.F, México.

2 Chavarría Suárez, M. (2018). El Sistema Nacional anticorrupción en México. Ediciones y Gráficos Eón. México, D.F.

que a su vez fueron caldo de cultivo para que fueran diseñadas formas y esquemas que posibilitaran en mayor o menor medida el desvío y malversación de recursos públicos.

Ahora bien, eso es lo que se puede dilucidar a grandes rasgos del fenómeno de la corrupción con "sello" mexicano, sin embargo, también vale el excurso de que evidentemente al estar frente a un fenómeno que encuentra su origen en la voluntad y libertad humana, la corrupción no es por ningún motivo un fenómeno exclusivo de un país como México, sino que todas las sociedades o bien lo sufren, o lo han sufrido, en mayores o menores escalas:

> *"(...) El fenómeno de la corrupción surge, en cada caso, por combinaciones de factores que la hacen posible: oportunidad, necesidad, mal diseño institucional, ambición, impunidad, ambigüedad o vaguedad normativa, exceso de regulación, ausencia de regulación, intereses personales, presiones, ciclos políticos, etcétera. No existe una causa raíz que explique todos los casos. Y por lo tanto, no existe una fórmula única para combatirla eficazmente. Los distintos casos de corrupción presentan una enorme diversidad de causas y combinaciones. No hay país que se salve del fenómeno, ni tipo de gobierno, ni estructura humana que pueda asegurar que es inmune a éste. (...)*[3]

Sin embargo, en aquello que México, a diferencia de otros Estados, no ha sido efectivo, es en el abatimiento de este fenómeno, de tal suerte que aquellos funcionarios estatales y a su vez, sus correspondientes complicidades en el sector privado, no han resultado sancionados; o por lo menos, los resultados que socialmente se perciben al respecto, se encuentran lejos de ser satisfactorios.

> *"(...) ¿Qué es y cómo observamos a la impunidad?*

---

[3] Kaiser, M. y Kaiser, M. (2014). El combate a la corrupción: la gran tarea pendiente en México. México, D.F, Mexico: Editorial Miguel Ángel Porrúa.

La impunidad es definida en el preámbulo del Conjunto de principios para la protección y promoción de los derechos humanos mediante la lucha contra la impunidad como "la inexistencia, de hecho o de derecho, de responsabilidad penal por parte de los autores de violaciones, así como de responsabilidad civil, administrativa o disciplinaria, porque escapan a toda investigación con miras a su inculpación, detención, procesamiento y, en caso de ser reconocidos culpables, condena a penas apropiadas, incluso a la indemnización del daño causado a sus víctimas" (CDHNU, 2005b, p. 6).

Utilizaremos un concepto minimalista de impunidad: ausencia de sanción frente a una conducta ilegal. En particular nos interesan aquellas conductas ilegales que tienen como consecuencia la violación de DH. Hay muchos tipos de sanciones, cada una de ellas supone la activación de diferentes responsabilidades. Por ejemplo, la sanción puede ser penal cuando la conducta es constitutiva de un delito; pero ese no es el único tipo de responsabilidad. De hecho, existen al menos seis tipos de responsabilidad jurídico-política:11 civil (civil, mercantil y familiar), laboral, penal, administrativa, política y de derechos humanos.

El grueso de los estudios sobre impunidad se ha concentrado en la responsabilidad penal. La impunidad respecto al crimen coloca en el centro del análisis al sistema de justicia penal y de seguridad pública (Human Rights Watch, 1990; Acosta, 2012; Álvarez, Romero, Pulgarín, & Romero, 2017; Zepeda, 2017). Pero cuando se trata de DH, hay otras responsabilidades que también se actualizan. (…)"[4]

Desde este concepto de impunidad en cita, los principales indicadores de impunidad se pueden dividir en nacionales e internaciones.

---

[4] ORTIZ, Horacio y VAZQUEZ, Daniel. Impunidad, corrupción y derechos humanos. Perf. latinoam. [online]. 2021, vol.29, n.57 [citado 2023-05-31], pp.167-194. Disponible en: <http://www.scielo.org.mx/scielo.php?script=sci_arttext&pid=S0188-76532021000100167&lng=es&nrm=iso>. Epub 06-Sep-2021. ISSN 0188-7653. https://doi.org/10.18504/pl2957-007-2021.

"(...)Contexto Internacional
Para la OCDE las reformas en la administración pública deben realizarse con el propósito de mejorar la calidad de los servicios para los ciudadanos y las empresas, así como la eficacia de los servicios que provee el Estado, aun cuando está estudiando nuevas tendencias en un nuevo proyecto denominado Value for Moneyin Gobernment.

Estados Unidos aplica la National Citizen Survey (NCS), que permite evaluar comparativamente el nivel de satisfacción ciudadana relacionada con servicios públicos.

Canadá diseñó el programa Citizen Fist, que mide, a partir de las expectativas, niveles de satisfacción y prioridades para la mejora continua de los servicios en los tres órdenes de gobierno: federal, estatal y municipal.

Los resultados de los trabajos realizados por el Institute for Citizen-Centred Service, son utilizados para diseñar estrategias de mejora en los servicios públicos y monitorear su progreso.

Australia desarrolló un proyecto de encuesta para recabar información sobre la opinión de los ciudadanos acerca de los servicios públicos y la regulación importante para la ciudadanía.

En México, el Sistema Nacional de Información Estadística y Geografía (ENIG) mide la satisfacción ciudadana y una aproximación a la calidad del gobierno. Fue diseñado por el Instituto Nacional de Estadística y Geografía (INEGI) en 2013 y acopia las mejores prácticas internacionales, pero incluye aspectos como la medición de la percepción y la experiencia en actos de corrupción: a) la percepción sobre la situación de la corrupción, b) la ocurrencia de incidentes de corrupción, y c) la transparencia y rendición de cuentas.

La Encuesta Nacional de Calidad e Impacto Gubernamental (ENCIG) se realiza desde 2013 con el objetivo de recabar información sobre las experiencias y la percepción de la población sobre trámites y servicios públicos proporcionados; algunos de sus importantes hallazgos, así como de las encues-

> *tas realizadas por el Centro de Estudios Sociales y de Opinión Pública (CESOP) (...).*
>
> *Corrupción e impunidad*
>
> *La encuesta sobre el Sistema Nacional de Anticorrupción elaborada en 2015 por el CESOP muestra que 94% de la opinión pública en nuestro país señala que existe corrupción y 89% indica que también hay impunidad, mientras que la justicia sólo existe para 37% y 85% opina que hay mucha corrupción; 74% señala que hay mucha impunidad y 70% que hay poco o nada de justicia.*
>
> *El 57% de las personas cree que la corrupción ha aumentado en los últimos 12 meses y 61% opina que el gobierno ha tenido poco o nada de éxito en materia de combate a la corrupción. Ante este problema, 89% cree que es urgente que el gobierno y la sociedad se dediquen a combatir la corrupción. (...)"* [5]

De esto puede sintetizarse que la corrupción e impunidad, la segunda tanto en su vertiente de conducta corrupta *per se*, como aquella de impunidad respecto de la sanción de hechos o conductas corruptas, establecidas de esta manera por el imaginario colectivo mexicano, no han visto evolución positiva, sino que incluso una involución.

---

5 Reporte CESOP, núm. 145, junio de 2022. Publicación bimestral del Centro de Estudios Sociales y de Opinión Pública de la Cámara de Diputados, Av. Congreso de la Unión 66, Edificio I, primer piso, Col. El Parque, Ciudad de México, CP 15960. Disponible en https://portalhcd.diputados.gob.mx/PortalWeb/Micrositios/314fb6d0-bc7a-4a95-8784-1f72f3d40ba8.pdf

1.2 ANTECEDENTES Y FUNDAMENTOS JURÍDICOS DEL SNA

Ya entrando a los antecedentes propiamente jurídicos que fueron "ancla" para el empuje legislativo que germinó en la comentada reforma, los puntos normativos que concretaron y justificaron esta reforma, los encontramos primordialmente en la convencionalidad del derecho mexicano, es decir, en la consolidación de acuerdos de origen internacional de los que México fue incluido y ha forma parte integrante, para de esta forma reformar en lo doméstico normas y leyes que se relacionen con lo establecido en el contenido de dichos acuerdos y darles cumplimiento. Entre dichos acuerdos y como antecedentes fundamentales están: la Convención Interamericana contra la Corrupción y La Convención de las Naciones Unidas contra la Corrupción, se cita a Altamirano a este respecto:

> *"[...] 1.1.- México y la Convención Interamericana contra la Corrupción México es par te de la Convención Interamericana contra la Corrupción (CIC), firmada el 29 de marzo de 1996, ratificándola el 27 de mayo de 1997.1 En el Diario Oficial de la Federación (DOF) se publicó el 9 de septiembre de 1998. [...]*
>
> *1.2.- La Convención de las Naciones Unidas contra la Corrupción (UNCAC). Resolución 58/4 de la Asamblea General, de 31 de octubre de 2003. Dicho instrumento internacional, también conocido como la Convención de Mérida, por haber sido adoptada en esa ciudad mexicana en diciembre de 2003, entró en vigor hasta el 14 de diciembre de 2005, al reunir las 30 ratificaciones requeridas. Actualmente, se integra por 126 Estados miembros y sus objetivos son:*
>
> - *Adoptar medidas para prevenir y combatir más eficaz y eficientemente la corrupción, así como el fortalecimiento de las normas existentes.*
>
> - *Fomentar la cooperación internacional y la asistencia técnica en la prevención y la lucha contra la corrupción.*

- *Promover la integridad, la obligación de rendir cuentas y la debida gestión de los asuntos y bienes públicos."6*

Esta reforma, supuso una reingeniería del Estado Mexicano desde su norma fundante, la Constitución, para atender y combatir el fenómeno de la corrupción y dimensionar incluso una modalidad novedosa de, si se permite la expresión: *ius puniendi* cuyo marco pretende centrarse en el ejercicio público, a ser aplicada para los hechos en los que se vea involucrado este fenómeno, o en otras palabras, el nuevo régimen de derecho administrativo sancionador y disciplinario bajo un derecho sustantivo esquematizado en los que ahora se conoce como faltas administrativas de índole grave y no grave. La reforma también pretendió aglutinar materias, labores, funciones, organismo de diversa forma de organización administrativa y ramas del derecho para pretender desde un nivel constitucional y en líneas generales la prevención, investigación, sanción y el establecimiento de diseños orgánicos para el combate a la corrupción. Esta consolidación de un esfuerzo sistematizado para la atención de un problema específico que aqueja a la sociedad mexicana, en este caso la corrupción, significó un precedente de gran relevancia para estos efectos, ya que a diferencia de reformas pasadas en ese sentido, estas se centraban aisladamente en la mejora de determinado aspecto o labor del Estado[7] que

---

6 Op, Cit. Reyes Altamirano, R. (2017).

7 "(...) De un breve recuento histórico respecto de la función fiscalizadora del Estado en nuestro país, es posible derivar una conclusión: la preocupación central siempre estuvo en el control de los recursos, y en la última etapa, en el control de la legalidad de la actuación de los servidores públicos. Esto es, los mecanismos de control, fiscalización y disciplina, nunca han tenido en México al combate a la corrupción, como una tarea central, sistemática y esencial para el funcionamiento mismo del Estado. Fue apenas en la última etapa que se describirá a continuación, que el combate a la corrupción se incorporó como una tarea básica del gobierno en

resultaba un eslabón de la multipolaridad que supone la corrupción, y esta reforma fue caracterizada, como se ha tratado de exponer, por la pretensión de abarcamiento multidisciplinar para el combate de este fenómeno.

El aglutinamiento de los tres niveles de gobierno en sus tres vertientes del poder público, en conjunto con los organismos que los constituyen y que ejercen sus respectivas competencias con fundamento en el máximo nivel jerárquico-normativo, a nuestro parecer no es algo que puede interpretarse de modo liso y llano como una simple adición de esfuerzos cuantitativos y asilados para hacer más abarcable y detectable las problemáticas y actos de corrupción, sino que, la consolidación en un solo eje normativo y orgánico a nivel constitucional para el combate de este fenómeno, reviste de una significación más profunda y digna de un análisis de las pretensiones de protección hacia bienes jurídicos que el Estado Mexicano pretende establecer, y en esa misma lógica, de las implicaciones jurídico-doctrinales que a nuestro juicio se derivan de estas reformas. Un criterio ya interpretado y sentado por instancias judiciales acerca del nacimiento y composición del Sistema Nacional es el siguiente:

> *Suprema Corte de Justicia de la Nación*
> *Registro digital: 2020037*
> *Instancia: Tribunales Colegiados de Circuito*
> *Décima Época*
> *Materias(s): Constitucional, Administrativa*
> *Tesis: I.10o.A.107 A (10a.)*
> *Fuente: Gaceta del Semanario Judicial de la Federación. Libro 67, Junio de 2019, Tomo VI, página 5361*
> *Tipo: Aislada*

---

turno. Pero no se hizo como tarea central de un sistema creado con ese exclusivo propósito, sino tratando de adaptar los órganos de fiscalización con los que ya se contaba, para afrontar el fenómeno, cada vez más complejo, de la corrupción. (...)" Kaiser, M. y Kaiser, M, Op cit.

SISTEMA NACIONAL ANTICORRUPCIÓN. SU GÉNESIS Y FINALIDAD.

Ante el deber asumido por el Estado Mexicano en la Convención de las Naciones Unidas contra la Corrupción y la Convención Interamericana contra la Corrupción de la Organización de los Estados Americanos, con la participación de las principales fuerzas políticas nacionales, se reformaron disposiciones de la Constitución Política de los Estados Unidos Mexicanos en materia de combate a la corrupción, por decreto publicado en el Diario Oficial de la Federación el 27 de mayo de 2015, mediante las cuales se creó el Sistema Nacional Anticorrupción, como la institución adecuada y efectiva encargada de establecer las bases generales para la emisión de políticas públicas integrales y directrices básicas en el combate a la corrupción, difusión de la cultura de integridad en el servicio público, transparencia en la rendición de cuentas, fiscalización y control de los recursos públicos, así como de fomentar la participación ciudadana, como condición indispensable en su funcionamiento. En ese contexto, dentro del nuevo marco constitucional de responsabilidades, dicho sistema nacional se instituye como la instancia de coordinación entre las autoridades de todos los órdenes de gobierno competentes en la prevención, detección y sanción de responsabilidades administrativas y hechos de corrupción, fiscalización, vigilancia, control y rendición de las cuentas públicas, bajo los principios fundamentales de transparencia, imparcialidad, equidad, integridad, legalidad, honradez, lealtad, eficiencia, eficacia y economía; mecanismos en los que la sociedad está interesada en su estricta observancia y cumplimiento.[8]

Esta tesis, interpretando el texto constitucional en conjunción con los antecedentes convencionales, destaca los principios por los cuales debe ser regido dicho sistema, y en sí misma la función de los servidores públicos bajo dicha lógica, para

---

8 DÉCIMO TRIBUNAL COLEGIADO EN MATERIA ADMINISTRATIVA DEL PRIMER CIRCUITO.
Amparo en revisión 311/2018. Presidente de la República y otros. 4 de abril de 2019. Unanimidad de votos. Ponente: Jorge Arturo Camero Ocampo. Secretario: Héctor Reyna Pineda.

concluir que la sociedad guarda un interés en la eficiencia de la operación de esta totalidad de mecanismos. Esto quiere decir, que de acuerdo a esta lectura jurisdiccional, puede ser dable entender la existencia de un bien jurídico a ser salvaguardado por el Sistema Nacional Anticorrupción, que está directamente relacionado con el correcto ejercicio de la función pública, y que al mismo tiempo enlista debidamente de principios a dicho actuar, lo que significa, que no solamente declara gratuitamente un interés social en el valor que tiene por consigna guardar el sistema, sino que lo enmarca sobre dicha serie de principios.

El hecho de esquematizar principios a partir de la interpretación judicial que aquí se analiza, implica, que a juicio del Colegiado que emitió el criterio en cita, el Sistema Nacional, no estableció únicamente una norma en el sentido de la fuente del derecho de simple *Lex*, sino que, de acuerdo a nuestra lectura de este criterio, al fundar principios, le otorga aún mayor relevancia a los bienes jurídicos que a dicho del Tribunal pretende proteger el sistema a través de valoraciones graduales.

El texto constitucional en su redacción presente que dicta los principios y directrices del Sistema Nacional Anticorrupción, no nos parece que debe ser interpretada como la creación a rango constitucional de un Sistema Nacional que combata el fenómeno de la corrupción, como una reforma que se limita a la génesis orgánica de una instancia puramente coordinadora entre distintos niveles, dependencias y funciones, sino que, como se ha insistido, precisamente por esta adición de esfuerzos, el Estado Mexicano ha considerado de tal relevancia el combate a la problemática generalizada que es la corrupción, que vertebró una novedosa serie de principios y dogmática jurídica que de modo especializado, sean eficaces en afrontar el fenómeno de la corrupción en sus distintitas manifestaciones.

Con el objeto de reforzar este razonamiento, se inserta a continuación el fundamento constitucional que sostiene todo el entramado normativo secundario en materia de anticorrupción y su sistema:

> *"Artículo 113. El Sistema Nacional Anticorrupción es la instancia de coordinación entre las autoridades de todos los órdenes de gobierno competentes en la prevención, detección y sanción de responsabilidades administrativas y hechos de corrupción, así como en la fiscalización y control de recursos públicos. Para el cumplimiento de su objeto se sujetará a las siguientes bases mínimas:*
>
> *I. El Sistema contará con un Comité Coordinador que estará integrado por los titulares de la Auditoría Superior de la Federación; de la Fiscalía Especializada en Combate a la Corrupción; de la secretaría del Ejecutivo Federal responsable del control interno; por el presidente del ; el presidente del organismo garante que establece el artículo 6o. de esta Constitución; así como por un representante del Consejo de la Judicatura Federal y otro del Comité de Participación Ciudadana;*
>
> *II. El Comité de Participación Ciudadana del Sistema deberá integrarse por cinco ciudadanos que se hayan destacado por su contribución a la transparencia, la rendición de cuentas o el combate a la corrupción y serán designados en los términos que establezca la ley, y*
>
> *III. Corresponderá al Comité Coordinador del Sistema, en los términos que determine la Ley: a) El establecimiento de mecanismos de coordinación con los sistemas locales; b) El diseño y promoción de políticas integrales en materia de fiscalización y control de recursos públicos, de prevención, control y disuasión de faltas administrativas y hechos de corrupción, en especial sobre las causas que los generan; c) La determinación de los mecanismos de suministro, intercambio, sistematización y actualización de la información que sobre estas materias generen las instituciones competentes de los órdenes de gobierno; d) El establecimiento de bases y principios para la efectiva coordinación de las autoridades de los órdenes de gobierno en materia de fiscalización y control de los recursos públicos; e) La elaboración de un informe anual que contenga los avances y resultados del ejercicio de sus funciones y de la aplicación de políticas y programas en la materia. Derivado de este informe,*

> *podrá emitir recomendaciones no vinculantes a las autoridades, con el objeto de que adopten medidas dirigidas al fortalecimiento institucional para la prevención de faltas administrativas y hechos de corrupción, así como al mejoramiento de su desempeño y del control interno. Las autoridades destinatarias de las recomendaciones informarán al Comité sobre la atención que brinden a las mismas.*
>
> *Las entidades federativas establecerán sistemas locales anticorrupción con el objeto de coordinar a las autoridades locales competentes en la prevención, detección y sanción de responsabilidades administrativas y hechos de corrupción."*

Como parte del texto constitucional y de la relevancia que implica, así como de los alcances que ya han sido establecidos en los párrafos precedentes, se destaca una vez más que la reingeniería institucional a través de la que se pretende el combate a la corrupción, incluye a autoridades judiciales como lo son el Tribunal Federal de Justicia Administrativa y el Consejo de la Judicatura Federal, organismos administrativos de todo el entramado judicial a nivel federal y que en sinergia con dicha interpretación tanto constitucional como convencional a sujetarse a los principios y doctrinas que de modo novedoso nutren al derecho en materia de combate a la corrupción, y de modo más aterrizado, al derecho penal en materia de combate a la corrupción, el numeral constitucional incluye a la instancia persecutora en materia penal, es decir, a la Fiscalía General de la República, la cual, de modo sistemático con la inclusión de autoridades judiciales, y de modo deductivo por ser la instancia próxima a la de la investigación, las reformas en materia de combate a la corrupción obligan tanto a instancias de investigación como de resolución en materia judicial, cerrando de este modo la pinza en lo que concierne al aspecto propiamente de *derecho penal* en materia de combate a la corrupción; de lo que se puede rematar y a la vez redundar en el abarcamiento hacia lo *vertical y horizontal* de todo el armazón administrativo del Estado mexicano.

1.3 EL PAPEL DE LOS ÓRGANOS DE FISCALIZACIÓN EN EL SNA

En la misma línea de conjunción de esfuerzos que se toma como una esencialidad del SNA, también se encuentra incluido, de modo evidente, la labor de auditoría y fiscalización, desde la cual surgen múltiples veces, adicionalmente a las implicaciones que por si solas tiene dicha materia, actividad y competencia, los insumos para la investigación, sustanciación y sanción de hechos de corrupción tanto en materia penal como administrativa. Esta sistematización de la norma, encuentra sustento en la Ley, desde lo regulado en aquellas que regulan la fiscalización tanto a nivel federal como estatal, refiriéndonos en este caso al estado de Yucatán. En ese sentido, dichas regulaciones establecen lo que conceptualmente se conocen como *acciones de auditoría.*

El marco estatal, la Ley de Fiscalización de la Cuenta Pública del Estado de Yucatán establece:

> *(...) Artículo 78. Acciones de la auditoría*
>
> *La auditoría superior, al promover o emitir las acciones a que se refiere esta ley, observará lo siguiente:*
>
> *I. A través de las solicitudes de aclaración, requerirá a las entidades fiscalizadas que presenten información adicional para atender las observaciones que se hayan realizado.*
>
> *II. Tratándose de los pliegos de observaciones, determinará en cantidad líquida los daños o perjuicios, o ambos a la Hacienda Pública estatal o municipal, o, en su caso, al patrimonio de los entes públicos.*
>
> *III. Mediante las promociones del ejercicio de la facultad de comprobación fiscal, informará a la autoridad competente sobre un posible incumplimiento de carácter fiscal detectado en el ejercicio de sus facultades de fiscalización.*

IV. Por medio del informe de presunta responsabilidad administrativa, la auditoría superior promoverá ante el tribunal, en los términos de la legislación aplicable en materia de responsabilidades administrativas, la imposición de sanciones a los servidores públicos por las faltas administrativas graves que conozca, derivado de sus auditorías, así como sanciones a los particulares vinculados con dichas faltas.

En caso de que la auditoría superior determine la existencia de daños o perjuicios, o ambos, a la Hacienda Pública estatal o municipal o al patrimonio de los entes públicos, que deriven de faltas administrativas no graves, procederá en los términos de la legislación aplicable en materia de responsabilidades administrativas.

V. A través de las promociones de responsabilidad administrativa, dará vista a los órganos internos de control, cuando detecte posibles responsabilidades administrativas no graves, para que continúen la investigación respectiva y, en su caso, inicien el procedimiento sancionador correspondiente en los términos de la legislación aplicable en materia de responsabilidades administrativas.

VI. Mediante las denuncias de hechos, hará del conocimiento de la vicefiscalía especializada, la posible comisión de hechos delictivos.

VII. Por medio de la denuncia de juicio político, hará del conocimiento del Congreso la posible comisión de actos u omisiones de los servidores públicos a que se refiere el artículo 97 de la Constitución Política del Estado de Yucatán, a efecto de que se substancie el procedimiento y resuelva sobre la responsabilidad política correspondiente. (…)

El marco federal en la materia que es la Ley de Fiscalización y Rendición de Cuentas de la Federación, en su artículo 15 menciona:

(…)
Artículo 15.- Las observaciones que, en su caso, emita la Auditoría Superior de la Federación derivado de la fiscalización superior, podrán derivar en:

> *I. Acciones y previsiones, incluyendo solicitudes de aclaración, pliegos de observaciones, informes de presunta responsabilidad administrativa, promociones del ejercicio de la facultad de comprobación fiscal, promociones de responsabilidad administrativa sancionatoria, denuncias de hechos ante la Fiscalía Especializada y denuncias de juicio político, y*
>
> *II. Recomendaciones*
> *(…)*

De esto, lo que se pretende establecer para efectos del presente análisis, es que la fiscalización representa un punto de partida, y valga la expresión, también el *insumo* para el inicio de procedimientos en diversas materias y ante distintas instancias, desde las cuales, en algunas, la función y calidad procesal del órgano de fiscalización está en mayor o menor medida, clara, mientras que en otras, prevalece la ambigüedad, circunstancia que ha derivado en criterios diversos e incluso contrapuestos. *Ergo* la capital relevancia que de suyo, corresponde a los órganos de fiscalización insertos en toda la lógica sistemático-jurídica del Sistema Nacional Anticorrupción.

1.4 CONCLUSIONES SOBRE EL SNA Y SUS PRINCIPIOS FUNDANTES EN CORRELACIÓN A LOS ÓRGANOS DE FISCALIZACIÓN, SU NATURALEZA Y SUS FUNCIONES

Finalmente podemos establecer que después de haber tocado cada uno de los puntos de relevancia que se equidistan dentro de la reforma en materia de combate a la corrupción y el sistema que crea, se proponen los siguientes corolarios:

1. El resultado de la reforma constitucional en materia de combate a la corrupción, de las diversas implicaciones que abarca en todos los niveles de gobierno, involucrando a los tres poderes y proponiendo un diseño orgánico novedoso que a su vez es coordinado por un sistema na-

> ciente con fundamento también constitucional, resulta que *el correcto desempeño del servicio público* de modo *lato* es un bien jurídico de interés tanto, colectivo como individual. Colectivo por encontrarse en el interés social que las labores públicas de los servidores y funcionarios, y particular, debido a que de las labores y funciones de la multiplicidad de categorías que abarca la función del Estado, se puede desprender tanto una afectación colectiva, como particular.

Esta pretensión, se encuentra justificación en el criterio judicial siguiente:

> *"Suprema Corte de Justicia de la Nación*
> *Registro digital: 2024340*
> *Instancia: Tribunales Colegiados de Circuito*
> *Undécima Época*
> *Materias(s): Administrativa*
> *Tesis: I.4o.A.14 A (11a.)*
> *Fuente: Gaceta del Semanario Judicial de la Federación. Libro 11, Marzo de 2022, Tomo IV, página 3463*
> *Tipo: Aislada*
>
> *RESPONSABILIDAD PATRIMONIAL DEL ESTADO. PROCEDE LA REPARACIÓN INTEGRAL DEL DAÑO Y, POR ENDE, EL PAGO DE LA INDEMNIZACIÓN CORRESPONDIENTE CUANDO SE VIOLA EL DERECHO FUNDAMENTAL A UNA BUENA ADMINISTRACIÓN PÚBLICA (LEGISLACIÓN DE LA CIUDAD DE MÉXICO).*
>
> *Hechos: Una persona presentó reclamación de responsabilidad patrimonial contra la actividad irregular de la Agencia de Gestión Urbana y de una Alcaldía de la Ciudad de México, con motivo del fallecimiento de su cónyuge, quien al conducir una motocicleta en un puente vehicular y derivado de su falta de mantenimiento, al pasar por un "bache", perdió el control e impactó contra los barrotes de contención y salió proyectado por encima del puente.*
>
> *Criterio jurídico: Este Tribunal Colegiado de Circuito determina que procede la reparación integral del daño y, por ende, el*

pago de la indemnización por responsabilidad patrimonial del Estado, cuando se viola el derecho fundamental a una buena administración pública, al demostrarse la concurrencia de hechos y condiciones causales entre el daño patrimonial causado y la actividad irregular reclamada.

Justificación: Lo anterior, porque la buena administración pública es un derecho fundamental de las personas y un principio de actuación para los poderes públicos, el cual se vincula e interrelaciona con otros; con sustento en él deben generarse acciones y políticas públicas orientadas a la apertura gubernamental, para contribuir a la solución de los problemas públicos a través de instrumentos ciudadanos participativos, efectivos y transversales. Es así que todo servidor público garantizará, en el ejercicio de sus funciones, el cumplimiento y observancia de los principios generales y fines que rigen la función pública, respetando los valores de dignidad, ética, justicia, lealtad, libertad y seguridad de las personas. En la Ciudad de México está garantizado el derecho referido a través de un gobierno que debe ser abierto, integral, honesto, transparente, profesional, eficaz, eficiente, austero, incluyente y resiliente, conforme a la Carta Iberoamericana de los Derechos y Deberes del Ciudadano en Relación con la Administración Pública (suscrita por México los días 18 y 19 de octubre de 2013) y a los artículos 60 de la Constitución Política, 2o. de la Ley Orgánica del Poder Ejecutivo y de la Administración Pública y 36 de la Ley Constitucional de Derechos Humanos y sus Garantías, todas de la Ciudad de México. Su conformación jurídica implica una serie de principios y directrices previstos en los artículos 109 y 134 de la Constitución General, correlacionados con otros contenidos en los diversos 6 y 7 de la Ley General de Responsabilidades Administrativas y 5 de la Ley General del Sistema Nacional Anticorrupción; su propósito es generar acciones y políticas públicas orientadas a la apertura gubernamental para combatir la corrupción y contribuir a la solución de los problemas públicos mediante instrumentos ciudadanos participativos. Todas estas prevenciones implican cambios estructurales en la conformación y en la operación de la administración y son la esencia de la buena administración. En consecuencia, los entes públicos están obligados a crear y mantener condiciones estructurales y normativas que permitan el adecuado funcionamiento del Estado en su conjunto, aunado a la actuación ética y responsable de cada servidor público, conforme al precepto

6 indicado, lo que se traduce en obligaciones y deberes específicos y puntuales, determinantes de la obligación de la administración para crear condiciones de regularidad, funcionalidad, eficacia y eficiencia en favor de los ciudadanos. Ahora bien, no acatar tales deberes conlleva la reparación integral del daño a la parte afectada, y en términos del artículo 1o., párrafo último, de la Ley General de Víctimas dicha reparación comprende medidas de restitución, rehabilitación, compensación, satisfacción y garantías de no repetición de las irregularidades que generaron graves riesgos y daños consumados, como la muerte del cónyuge de la quejosa, solicitante de la reclamación por responsabilidad patrimonial del Estado, quien debe ser compensada económicamente. Lo anterior, porque es obligación de las autoridades demandadas dar un adecuado mantenimiento a las vías de circulación vehicular, de acuerdo con los artículos 15, fracción I, 178, fracción I y 181, párrafo último, de la Ley de Movilidad de la Ciudad de México, 39, fracción LIII, de la Ley Orgánica de la Administración Pública del Distrito Federal abrogada, 207 Ter y 207 Quinquies, fracciones III y IV, del Reglamento Interior de la Administración Pública del Distrito Federal abrogado." [9]

Dicho criterio esbozó con meridiana claridad lo que ha formado parte de nuestra labor de análisis del SNA y de las consecuencias jurídico-normativas que desencadenó, otorgando sustancialidad y definición al derecho *fundamental a una buena administración pública.*

2. De mayor relevancia para esta pieza de análisis, es dable concluir que la labor de fiscalización y las personas morales públicas que la llevan a cabo revisten de una relevancia capital para el combate a la corrupción y a la

---

9 CUARTO TRIBUNAL COLEGIADO EN MATERIA ADMINISTRATIVA DEL PRIMER CIRCUITO. Amparo directo 315/2021. Ruby Hurtado Bernal. 9 de diciembre de 2021. Unanimidad de votos. Ponente: Ricardo Gallardo Vara. Secretario: Oswaldo Iván de León Carrillo. Esta tesis se publicó el viernes 18 de marzo de 2022 a las 10:21 horas en el Semanario Judicial de la Federación.

vez, que su calidad procesal en las instancias en las que comparece como autor de los *resultados-insumos* de auditoría y fiscalización, se colige múltiples veces ambiguo y se requiere en consecuencia de echar mano de diversos instrumentos de interpretación, siempre en función de la naturaleza y materia de la instancia, que nos permitan dirimir esta problemática, esto sin pasar por alto que en *per se* su posición en el SNA es un elemento toral para disipar las citadas ambigüedades.

2. El órgano de fiscalización como persecutor

El nuevo paradigma que ha establecido la reforma constitucional del año dos mil quince en materia de combate a la corrupción, como ya se ha expuesto, irrumpió en la vida normativa del Estado Mexicano en lo que concierne a su atención a uno de los problemas fundamentales en el imaginario colectivo de la sociedad de este país, de tal modo que podemos afirmar que incluso dimensionó una modalidad *de ius puniendi* a ser aplicada para los hechos en los que se vea involucrado este fenómeno, y como resultado, a nuestro juico es que se funda el nuevo régimen de derecho administrativo sancionador y disciplinario bajo un derecho sustantivo esquematizado en faltas administrativas de índole grave y no grave.

Las leyes reglamentarias que pretendieron describir lo sentado en el *Título Cuarto De las Responsabilidades de los Servidores Públicos, Particulares Vinculados con Faltas Administrativas Graves o Hechos de Corrupción, y Patrimonial del Estado* de la carta magna, fueron las denominadas, en el ámbito federal, la Ley General de Responsabilidades Administrativas y en el caso del Estado de Yucatán, la Ley de Responsabilidades Administrativas del Estado de Yucatán.

Las nuevas premisas de este sistema emergente, pretenden perfeccionar un régimen sancionatorio a ser aplicado a los servidores públicos y aquellos particulares que se hayan involucrado de algún modo con el ejercicio de recursos públicos. Bajo estos desarrollos dogmáticos que fueron plasmados para hacerle frente a la corrupción, devinieron una serie de debates, confrontación de sistemas, analogía con otras materias jurídicas e incluso estudios de derecho comparado, que pretenden dar luz y construir los mínimos de una base argumental para la actividad estatal que opere este sistema de sanciones naciente.

En la operación de dicho sistema de sanciones y en la materia *per se* de faltas administrativas, el papel de órgano fiscalizador está delimitado con claridad literal en el sentido de que las leyes reglamentarias claramente depositan en estos la labor de investigador y a su vez, persecutor, específicamente de aquellas conductas y hechos que puedan ser considerados como *faltas administrativas graves.*

Ante esta novedosa labor, que mutó de modo drástico las premisas dogmático jurídicas del antes llamado *procedimiento resarcitorio*[1], los órganos de fiscalización se vieron en la necesidad de la construcción de nuevos mínimos argumentales auxiliados de bases análogas, confrontación de sistemas, dogmática jurídica, así como tesis judiciales para la interpretación y aplicación de los principios y legislación en materia del recién creado derecho administrativo sancionador y disciplinario.

---

1 Procedimiento que precedió al ahora basado en el de faltas administrativas, cuyo elemento de distinción fundamental radica en que el resarcitorio se enfoca fundamentalmente en la recuperación de activos relacionados a daños patrimoniales de los entes públicos, mientras que el novedoso procedimiento administrativo se centra en no únicamente el bien jurídico que representa la hacienda pública o bien patrimonio estatal, sino que en aras de combatir la corrupción y de alguna manera disuadir su reiteración, sino que pretende sancionar a aquellos servidores públicos que incurrieron en conductas tipificadas como faltas administrativas; en otras palabras, el concepto de sistema se extendió desde lo meramente patrimonial para *alcanzar* a aquellos que intervinieron en el menoscabo de aquello que se derivó en un *daño patrimonial.*

2.1 EL DISEÑO ÓRGANICO BÁSICO PARA LA OPERATIVIDAD DEL PROCEDIMIENTO ADMINISTRATIVO SANCIONADOR Y JUSTIFICACIÓN PARA LA EXPRESIÓN *PERSECUTOR* EN REFERENCIA A LOS ÓRGANOS DE FISCALIZACIÓN

El diseño adjetivo y sustantivo desde el que se reparten las atribuciones para la operación de la investigación, substanciación, resolución y sanción de faltas administrativas, partió de una concepción tripartita para aquellos organismos encargados de su marcha y puesta en acción. La analogía con el proceso penal se colige inmediatamente desde el análisis preliminar de las tres tareas fundamentales a derivar entre distintos organismos, verbigracia, la investigación, término análogo con el proceso penal, la sustanciación que puede analogarse parcialmente a una etapa inicial en materia penal, la resolución que puede interpretarse como un *empalme* con el juicio oral y finalmente la sanción, que puede ser interpretada también como una especie de símil a la ejecución de sentencia.

La sistematización de las Leyes en materia de faltas administrativas recurren a un diseño por medio del cual se deben tomar en consideración, primeramente, el grado de *lesividad* de la falta administrativa, toda vez que señala dos tipos que son: faltas administrativas graves[2] y faltas administrativas no

---

[2] En las faltas administrativas graves, es dónde se encuentra una equiparación de muy alto grado entre el derecho administrativo sancionador y disciplinario para con el derecho penal, toda vez que se trata de tipificaciones estructuradas de modo idéntico a los delitos descritos en los códigos sustantivos de aquella materia. Estas faltas están consideradas en el capítulo respectivo de la Ley General de Responsabilidades Administrativas en su capítulo II del título tercero que los codifica de la siguiente manera:
(...) De las faltas administrativas graves de los Servidores Públicos

Artículo 51. Las conductas previstas en el presente Capítulo constituyen Faltas administrativas graves de los Servidores Públicos, por lo que deberán abstenerse de realizarlas, mediante cualquier acto u omisión.
Artículo 52. Incurrirá en **cohecho** el servidor público que exija, acepte, obtenga o pretenda obtener, por sí o a través de terceros, con motivo de sus funciones, cualquier beneficio no comprendido en su remuneración como servidor público, que podría consistir en dinero; valores; bienes muebles o inmuebles, incluso mediante enajenación en precio notoriamente inferior al que se tenga en el mercado; donaciones; servicios; empleos y demás beneficios indebidos para sí o para su cónyuge, parientes consanguíneos, parientes civiles o para terceros con los que tenga relaciones profesionales, laborales o de negocios, o para socios o sociedades de las que el servidor público o las personas antes referidas formen parte.
También incurrirá en cohecho, el servidor público que se abstenga de devolver el pago en demasía de su legítima remuneración de acuerdo a los tabuladores que al efecto resulten aplicables, dentro de los 30 días naturales siguientes a su recepción.
Artículo 53. Cometerá **peculado** el servidor público que autorice, solicite o realice actos para el uso o apropiación para sí o para las personas a las que se refiere el artículo anterior, de recursos públicos, sean materiales, humanos o financieros, sin fundamento jurídico o en contraposición a las normas aplicables.
En términos de lo dispuesto por el párrafo anterior, los servidores públicos no podrán disponer del servicio de miembros de alguna corporación policiaca, seguridad pública o de las fuerzas armadas, en el ejercicio de sus funciones, para otorgar seguridad personal, salvo en los casos en que la normativa que regule su actividad lo contemple o por las circunstancias se considere necesario proveer de dicha seguridad, siempre que se encuentre debidamente justificada a juicio del titular de las propias corporaciones de seguridad y previo informe al Órgano interno de control respectivo o a la Secretaría.
Artículo 54. Será responsable de **desvío de recursos públicos** el servidor público que autorice, solicite o realice actos para la asignación o desvío de recursos públicos, sean materiales, humanos o financieros, sin fundamento jurídico o en contraposición a las normas aplicables.
Se considerará desvío de recursos públicos, el otorgamiento o autorización, para sí o para otros, del pago de una remuneración en

contravención con los tabuladores que al efecto resulten aplicables, así como el otorgamiento o autorización, para sí o para otros, de pagos de jubilaciones, pensiones o haberes de retiro, liquidaciones por servicios prestados, préstamos o créditos que no estén previstos en ley, decreto legislativo, contrato colectivo, contrato ley o condiciones generales de trabajo.
Artículo 55. Incurrirá en **utilización indebida de información** el servidor público que adquiera para sí o para las personas a que se refiere el artículo 52 de esta Ley, bienes inmuebles, muebles y valores que pudieren incrementar su valor o, en general, que mejoren sus condiciones, así como obtener cualquier ventaja o beneficio privado, como resultado de información privilegiada de la cual haya tenido conocimiento.
Artículo 56. Para efectos del artículo anterior, se considera información privilegiada la que obtenga el servidor público con motivo de sus funciones y que no sea del dominio público.
La restricción prevista en el artículo anterior será aplicable inclusive cuando el servidor público se haya retirado del empleo, cargo o comisión, hasta por un plazo de un año.
Artículo 57. Incurrirá en **abuso de funciones** la persona servidora o servidor público que ejerza atribuciones que no tenga conferidas o se valga de las que tenga, para realizar o inducir actos u omisiones arbitrarios, para generar un beneficio para sí o para las personas a las que se refiere el artículo 52 de esta Ley o para causar perjuicio a alguna persona o al servicio público; así como cuando realiza por sí o a través de un tercero, alguna de las conductas descritas en el artículo 20 Ter, de la Ley General de Acceso de las Mujeres a una Vida Libre de Violencia.
Artículo 58. Incurre en **actuación bajo Conflicto de Interés** el servidor público que intervenga por motivo de su empleo, cargo o comisión en cualquier forma, en la atención, tramitación o resolución de asuntos en los que tenga Conflicto de Interés o impedimento legal.
Al tener conocimiento de los asuntos mencionados en el párrafo anterior, el servidor público informará tal situación al jefe inmediato o al órgano que determine las disposiciones aplicables de los entes públicos, solicitando sea excusado de participar en cualquier forma en la atención, tramitación o resolución de los mismos.

Será obligación del jefe inmediato determinar y comunicarle al servidor público, a más tardar 48 horas antes del plazo establecido para atender el asunto en cuestión, los casos en que no sea posible abstenerse de intervenir en los asuntos, así como establecer instrucciones por escrito para la atención, tramitación o resolución imparcial y objetiva de dichos asuntos.
Artículo 59. Será responsable de **contratación indebida** el servidor público que autorice cualquier tipo de contratación, así como la selección, nombramiento o designación, de quien se encuentre impedido por disposición legal o inhabilitado por resolución de autoridad competente para ocupar un empleo, cargo o comisión en el servicio público o inhabilitado para realizar contrataciones con los entes públicos, siempre que en el caso de las inhabilitaciones, al momento de la autorización, éstas se encuentren inscritas en el sistema nacional de servidores públicos y particulares sancionados de la Plataforma digital nacional.
Incurrirá en la responsabilidad dispuesta en el párrafo anterior, el servidor público que intervenga o promueva, por sí o por interpósita persona, en la selección, nombramiento o designación de personas para el servicio público en función de intereses de negocios.
Artículo 60. Incurrirá en **enriquecimiento oculto u ocultamiento de Conflicto de Interés** el servidor público que falte a la veracidad en la presentación de las declaraciones de situación patrimonial o de intereses, que tenga como fin ocultar, respectivamente, el incremento en su patrimonio o el uso y disfrute de bienes o servicios que no sea explicable o justificable, o un Conflicto de Interés.
Artículo 60 Bis. Comete **simulación de acto jurídico** el servidor público que utilice personalidad jurídica distinta a la suya para obtener, en beneficio propio o de algún familiar hasta el cuarto grado por consanguinidad o afinidad, recursos públicos en forma contraria a la ley. Esta falta administrativa se sancionará con inhabilitación de cinco a diez años.
Artículo 61. Cometerá **tráfico de influencias** el servidor público que utilice la posición que su empleo, cargo o comisión le confiere para inducir a que otro servidor público efectúe, retrase u omita realizar algún acto de su competencia, para generar cualquier beneficio, provecho o ventaja para sí o para alguna de las personas a que se refiere el artículo 52 de esta Ley.

graves[3], y a partir de este aspecto, reparte genéricamente las

---

Artículo 62. Será responsable de **encubrimiento** el servidor público que cuando en el ejercicio de sus funciones llegare a advertir actos u omisiones que pudieren constituir Faltas administrativas, realice deliberadamente alguna conducta para su ocultamiento.
Artículo 63. Cometerá **desacato** el servidor público que, tratándose de requerimientos o resoluciones de autoridades fiscalizadoras, de control interno, judiciales, electorales o en materia de defensa de los derechos humanos o cualquier otra competente, proporcione información falsa, así como no dé respuesta alguna, retrase deliberadamente y sin justificación la entrega de la información, a pesar de que le hayan sido impuestas medidas de apremio conforme a las disposiciones aplicables.
Artículo 63 Bis. Cometerá **nepotismo** el servidor público que, valiéndose de las atribuciones o facultades de su empleo, cargo o comisión, directa o indirectamente, designe, nombre o intervenga para que se contrate como personal de confianza, de estructura, de base o por honorarios en el ente público en que ejerza sus funciones, a personas con las que tenga lazos de parentesco por consanguinidad hasta el cuarto grado, de afinidad hasta el segundo grado, o vínculo de matrimonio o concubinato. (…)"

3 Este tipo de conductas se encuentran en la Ley General de Responsabilidades Administrativas en una modalidad de hipótesis abierta, en contradicción a las faltas administrativas graves, cuya naturaleza responde al de tipologías restringidas al cumplimiento específico de elementos que son parte de una hipótesis regulada. En ese sentido, el capítulo fundamental para efectos de lo que es sustantivo al hablar de faltas administrativas graves, es el estipulado en el mismo título tercero de la referida ley, nominado como "De las Faltas administrativas no graves de los Servidores Públicos", y se cita a continuación:
"(…) De las Faltas administrativas no graves de los Servidores Públicos
Artículo 49. Incurrirá en Falta administrativa no grave el servidor público cuyos actos u omisiones incumplan o transgredan lo contenido en las obligaciones siguientes:
I. Cumplir con las funciones, atribuciones y comisiones encomendadas, observando en su desempeño disciplina y respeto, tanto a los demás Servidores Públicos como a los particulares con los que llegare a tratar, en los términos que se establezcan en el código de ética a que se refiere el artículo 16 de esta Ley;

II. Denunciar los actos u omisiones que en ejercicio de sus funciones llegare a advertir, que puedan constituir Faltas administrativas, en términos del artículo 93 de la presente Ley; III. Atender las instrucciones de sus superiores, siempre que éstas sean acordes con las disposiciones relacionadas con el servicio público.
En caso de recibir instrucción o encomienda contraria a dichas disposiciones, deberá denunciar esta circunstancia en términos del artículo 93 de la presente Ley;
IV. Presentar en tiempo y forma las declaraciones de situación patrimonial y de intereses, en los términos establecidos por esta Ley;
V. Registrar, integrar, custodiar y cuidar la documentación e información que por razón de su empleo, cargo o comisión, tenga bajo su responsabilidad, e impedir o evitar su uso, divulgación, sustracción, destrucción, ocultamiento o inutilización indebidos;
VI. Supervisar que los Servidores Públicos sujetos a su dirección, cumplan con las disposiciones de este artículo;
VII. Rendir cuentas sobre el ejercicio de las funciones, en términos de las normas aplicables;
VIII. Colaborar en los procedimientos judiciales y administrativos en los que sea parte;
IX. Cerciorarse, antes de la celebración de contratos de adquisiciones, arrendamientos o para la enajenación de todo tipo de bienes, prestación de servicios de cualquier naturaleza o la contratación de obra pública o servicios relacionados con ésta, que el particular manifieste bajo protesta de decir verdad que no desempeña empleo, cargo o comisión en el servicio público o, en su caso, que a pesar de desempeñarlo, con la formalización del contrato correspondiente no se actualiza un Conflicto de Interés. Las manifestaciones respectivas deberán constar por escrito y hacerse del conocimiento del Órgano interno de control, previo a la celebración del acto en cuestión. En caso de que el contratista sea persona moral, dichas manifestaciones deberán presentarse respecto a los socios o accionistas que ejerzan control sobre la sociedad;
X. Sin perjuicio de la obligación anterior, previo a realizar cualquier acto jurídico que involucre el ejercicio de recursos públicos con personas jurídicas, revisar su constitución y, en su caso, sus modificaciones con el fin de verificar que sus socios, integrantes de los consejos de administración o accionistas que ejerzan control no incurran en Conflicto de Interés, y

competencias para su investigación, sustanciación, resolución y sanción para que en consecuencia se normen los procedimientos correspondientes a cada uno. Esto significa que lo que decanta las autoridades competentes son, primero, la gravedad

---

XI. Abstenerse de realizar Propaganda gubernamental con recursos públicos que incluya nombres, imágenes, voces o símbolos que impliquen promoción personalizada de cualquier servidor público.
Para efectos de esta Ley se entiende que un socio o accionista ejerce control sobre una sociedad cuando sean administradores o formen parte del consejo de administración, o bien conjunta o separadamente, directa o indirectamente, mantengan la titularidad de derechos que permitan ejercer el voto respecto de más del cincuenta por ciento del capital, tengan poder decisorio en sus asambleas, estén en posibilidades de nombrar a la mayoría de los miembros de su órgano de administración o por cualquier otro medio tengan facultades de tomar las decisiones fundamentales de dichas personas morales.
Artículo 50. También se considerará Falta administrativa no grave, los daños y perjuicios que, de manera culposa o negligente y sin incurrir en alguna de las faltas administrativas graves señaladas en el Capítulo siguiente, cause un servidor público a la Hacienda Pública o al patrimonio de un Ente público.
Los entes públicos o los particulares que, en términos de este artículo, hayan recibido recursos públicos sin tener derecho a los mismos, deberán reintegrar los mismos a la Hacienda Pública o al patrimonio del Ente público afectado en un plazo no mayor a 90 días, contados a partir de la notificación correspondiente de la Auditoría Superior de la Federación o de la Autoridad resolutora.
En caso de que no se realice el reintegro de los recursos señalados en el párrafo anterior, estos serán considerados créditos fiscales, por lo que el Servicio de Administración Tributaria y sus homólogos de las entidades federativas deberán ejecutar el cobro de los mismos en términos de las disposiciones jurídicas aplicables.
La Autoridad resolutora podrá abstenerse de imponer la sanción que corresponda conforme al artículo 75 de esta Ley, cuando el daño o perjuicio a la Hacienda Pública o al patrimonio de los entes públicos no exceda de dos mil veces el valor diario de la Unidad de Medida y Actualización y el daño haya sido resarcido o recuperado. (…)"

o no gravedad de la falta y posteriormente, cuál de las cuatro funciones citadas serán las que llevará a cabo.

Ahora bien, ciñéndonos al papel de las *autoridades investigadoras*, las atribuciones que se le confieren se encuentran fundamentalmente en una analogía, evidentemente con sus respectivos matices, con el papel de la fiscalía en materia penal. Las atribuciones de las autoridades investigadoras se encuentran, a nivel nacional, en la Ley General de Responsabilidades Administrativas, entre las que establecen a grandes rasgos:

1. Los principios que esta debe seguir en la conducción de su investigación.
2. Los supuestos y vías en los cuales puede ser iniciado un expediente de investigación, que fundamentalmente se reducen a tres: a través de una denuncia, de oficio, como parte de un procedimiento de auditoría y fiscalización.
3. Los instrumentos y sus correspondientes elementos que la autoridad se encuentra obligado a emitir para efectos de la calificación de faltas administrativas.
4. Los derechos que le asisten como persecutor en su calidad de parte procesal ante la autoridad resolutora.
5. Los términos y plazos que deben derivar de sus actuaciones.

La Ley de General de Responsabilidades Administrativas señala acerca de las atribuciones fundamentales de las autoridades investigadoras:

> *"(...)*
> *Artículo 3. Para efectos de esta Ley se entenderá por:*
>
> *I. Auditoría Superior: La Auditoría Superior de la Federación;*
>
> *II. Autoridad investigadora: La autoridad en las Secretarías, los Órganos internos de control, la Auditoría Superior de la Federación y las entidades de fiscalización superior de las entidades federativas, así como las unidades de responsabilidades de las*

Empresas productivas del Estado, encargada de la investigación de Faltas administrativas;
(...)"

XIII. Expediente de presunta responsabilidad administrativa: El expediente derivado de la investigación que las Autoridades Investigadoras realizan en sede administrativa, al tener conocimiento de un acto u omisión posiblemente constitutivo de Faltas administrativas;
XVIII. Informe de Presunta Responsabilidad Administrativa: El instrumento en el que las autoridades investigadoras describen los hechos relacionados con alguna de las faltas señaladas en la presente Ley, exponiendo de forma documentada con las pruebas y fundamentos, los motivos y presunta responsabilidad del Servidor Público o de un particular en la comisión de Faltas administrativas;
(...)

Artículo 10. Las Secretarías y los Órganos internos de control, y sus homólogas en las entidades federativas tendrán a su cargo, en el ámbito de su competencia, la investigación, substanciación y calificación de las Faltas administrativas.
Tratándose de actos u omisiones que hayan sido calificados como Faltas administrativas no graves, las Secretarías y los Órganos internos de control serán competentes para iniciar, substanciar y resolver los procedimientos de responsabilidad administrativa en los términos previstos en esta Ley.

En el supuesto de que las autoridades investigadoras determinen en su calificación la existencia de Faltas administrativas, así como la presunta responsabilidad del infractor, deberán elaborar el Informe de Presunta Responsabilidad Administrativa y presentarlo a la Autoridad substanciadora para que proceda en los términos previstos en esta Ley.
(...)

Artículo 13. Cuando las Autoridades investigadoras determinen que de los actos u omisiones investigados se desprenden tanto la comisión de faltas administrativas graves como no graves por el mismo servidor público, por lo que hace a las Faltas administrativas graves substanciarán el procedimiento en los términos

previstos en esta Ley, a fin de que sea el Tribunal el que imponga la sanción que corresponda a dicha falta. Si el Tribunal determina que se cometieron tanto faltas administrativas graves, como faltas administrativas no graves, al graduar la sanción que proceda tomará en cuenta la comisión de éstas últimas.
(...)

Artículo 90. En el curso de toda investigación deberán observarse los principios de legalidad, imparcialidad, objetividad, congruencia, verdad material y respeto a los derechos humanos. Las autoridades competentes serán responsables de la oportunidad, exhaustividad y eficiencia en la investigación, la integralidad de los datos y documentos, así como el resguardo del expediente en su conjunto.
Igualmente, incorporarán a sus investigaciones, las técnicas, tecnologías y métodos de investigación que observen las mejores prácticas internacionales.

Las autoridades investigadoras, de conformidad con las leyes de la materia, deberán cooperar con las autoridades internacionales a fin de fortalecer los procedimientos de investigación, compartir las mejores prácticas internacionales, y combatir de manera efectiva la corrupción.

Artículo 91. La investigación por la presunta responsabilidad de Faltas administrativas iniciará de oficio, por denuncia o derivado de las auditorías practicadas por parte de las autoridades competentes o, en su caso, de auditores externos.

Las denuncias podrán ser anónimas. En su caso, las autoridades investigadoras mantendrán con carácter de confidencial la identidad de las personas que denuncien las presuntas infracciones.
(...)

Artículo 94. Para el cumplimiento de sus atribuciones, las Autoridades investigadoras llevarán de oficio las auditorías o investigaciones debidamente fundadas y motivadas respecto de las conductas de los Servidores Públicos y particulares que puedan constituir responsabilidades administrativas en el ámbito de su competencia. Lo anterior sin menoscabo de las investigaciones que se deriven de las denuncias a que se hace referencia en el Capítulo anterior.

Artículo 95. Las autoridades investigadoras tendrán acceso a la información necesaria para el esclarecimiento de los hechos, con inclusión de aquélla que las disposiciones legales en la materia consideren con carácter de reservada o confidencial, siempre que esté relacionada con la comisión de infracciones a que se refiere esta Ley, con la obligación de mantener la misma reserva o secrecía, conforme a lo que determinen las leyes.
(...)".

De modo seguido, la característica de facultades tripartita que caracteriza a este sistema de sanción, mandata a su vez un imperativo hacia organismos insertos dentro de los diversos niveles de gobierno, poderes de la unión y formas de organización administrativa, a que se constituyan las correspondientes autoridades de carácter investigador, sustanciador y resolutor, estructurando a su vez dos modelos procedimentales: el que corresponde a las faltas administrativas graves y aquellos que son de carácter no grave.

Ahora bien, como parte de la investigación de faltas administrativas graves se erige lo que a nuestro juicio es la figura de *persecutor* que agota la autoridad investigadora a ser establecida por los órganos de fiscalización a nivel federal y local, ya que sus funciones son una analogía de la representación social en materia penal.

A nivel federal la Ley General de Responsabilidades Administrativas dispone en cuanto a la Auditoría Superior de la Federación:

"(...)
Artículo 11. La Auditoría Superior y las Entidades de fiscalización superior de las entidades federativas serán competentes para investigar y substanciar el procedimiento por las faltas administrativas graves.

En caso de que la Auditoría Superior y las Entidades de fiscalización superior de las entidades federativas detecten posibles faltas administrativas no graves darán cuenta de ello a los Órganos internos de control, según corresponda, para que

> *continúen la investigación respectiva y promuevan las acciones que procedan.*
>
> *En los casos en que, derivado de sus investigaciones, acontezca la presunta comisión de delitos, presentarán las denuncias correspondientes ante el Ministerio Público competente.*
> *(...)*
>
> *Artículo 98. La Auditoría Superior y las entidades de fiscalización superior de las entidades federativas, investigarán y, en su caso substanciarán en los términos que determina esta Ley, los procedimientos de responsabilidad administrativa correspondientes. Asimismo, en los casos que procedan, presentarán la denuncia correspondiente ante el Ministerio Público competente.*
>
> *Artículo 99. En caso de que la Auditoría Superior y las entidades de fiscalización superior de las entidades federativas tengan conocimiento de la presunta comisión de Faltas administrativas distintas a las señaladas en el artículo anterior, darán vista a las Secretarías o a los Órganos internos de control que correspondan, a efecto de que procedan a realizar la investigación correspondiente.*
> *(...)"*

Ergo la labor de lo que genéricamente y legalmente se nomina como *autoridad investigadora* asiste a una serie de atribuciones y competencias que agotan una *figura persecutora* que en el caso de los órganos de fiscalización se circunscriben a las faltas graves y se distinguen claramente, por asistir a marcos regulatorios y naturalezas diversas respecto de sus funciones por antonomasia, a saber, aquellas relativas a la auditoría y fiscalización *per se.*

2.2 ARGUMENTAR A PARTIR DE PRINCIPIOS DEL *IUS PUNIENDI* POR EXCELENCIA QUE ES EL DERECHO PENAL PARA LA LABOR *PERSECUTORA* DE LOS ÓRGANOS DE FISCALIZACIÓN.

La facultad que se le otorga al estado para imponer una sanción, pena o medida de seguridad es lo que doctrinalmente se conoce como *ius puniendi*, esta misma se encuentra a un grado constitucional regulado por principios limitativos que construyen una protección jurídica contra las arbitrariedades y el abuso de poder; de esta forma, podemos decir que la facultad de castigar del estado se conforma de dos partes; la primera, de legislar creando, reformando y extinguiendo normas por las cuales el Estado pronuncia su voluntad siempre tutelando los bienes jurídicos relevantes e indispensables necesarios de protección con mayor severidad estableciéndose lo que se conoce en materia penal como: tipo y la pena tipo; derivándose de esto la segunda, el órgano jurisdiccional que se encargara de la aplicación de la voluntad del Estado.

Lo expuesto en el párrafo anterior es posible aplicarse en dos ramas del derecho que de primera mano son los principios fundamentales por los que se rige el derecho penal, mismas que incluso por resolución judicial de la Suprema Corte de Justicia de la Nación, pueden ser aplicadas en determinados supuesto a la rama del derecho administrativo sancionador.

Las tesis a las que nos referimos y que aperturan las matrices de argumentación para aplicarse por analogía al derecho administrativo sancionador y disciplinario son las siguientes:

> *"Suprema Corte de Justicia de la Nación*
> *Registro digital: 174488*
> *Instancia: Pleno*
> *Novena Época*
> *Materias(s): Constitucional, Administrativa*
> *Tesis: P./J. 99/2006*

Fuente: Semanario Judicial de la Federación y su Gaceta. Tomo XXIV, Agosto de 2006, página 1565
Tipo: Jurisprudencia

DERECHO ADMINISTRATIVO SANCIONADOR. PARA LA CONSTRUCCIÓN DE SUS PROPIOS PRINCIPIOS CONSTITUCIONALES ES VÁLIDO ACUDIR DE MANERA PRUDENTE A LAS TÉCNICAS GARANTISTAS DEL DERECHO PENAL, EN TANTO AMBOS SON MANIFESTACIONES DE LA POTESTAD PUNITIVA DEL ESTADO.

De un análisis integral del régimen de infracciones administrativas, se desprende que el derecho administrativo sancionador posee como objetivo garantizar a la colectividad en general, el desarrollo correcto y normal de las funciones reguladas por las leyes administrativas, utilizando el poder de policía para lograr los objetivos en ellas trazados. En este orden de ideas, la sanción administrativa guarda una similitud fundamental con las penas, toda vez que ambas tienen lugar como reacción frente a lo antijurídico; en uno y otro supuesto la conducta humana es ordenada o prohibida. En consecuencia, tanto el derecho penal como el derecho administrativo sancionador resultan ser dos inequívocas manifestaciones de la potestad punitiva del Estado, entendida como la facultad que tiene éste de imponer penas y medidas de seguridad ante la comisión de ilícitos. Ahora bien, dada la similitud y la unidad de la potestad punitiva, en la interpretación constitucional de los principios del derecho administrativo sancionador puede acudirse a los principios penales sustantivos, aun cuando la traslación de los mismos en cuanto a grados de exigencia no pueda hacerse de forma automática, porque la aplicación de dichas garantías al procedimiento administrativo sólo es posible en la medida en que resulten compatibles con su naturaleza. Desde luego, el desarrollo jurisprudencial de estos principios en el campo administrativo sancionador -apoyado en el Derecho Público Estatal y asimiladas algunas de las garantías del derecho penal- irá formando los principios sancionadores propios para este campo de la potestad punitiva del Estado, sin embargo, en tanto esto sucede, es válido tomar de manera prudente las técnicas garantistas del derecho penal.

Acción de inconstitucionalidad 4/2006. Procurador General de la República. 25 de mayo de 2006. Unanimidad de ocho votos. Ausentes: Mariano Azuela Güitrón, Sergio Salvador Aguirre Anguiano y José Ramón Cossío Díaz. Ponente: Genaro David Góngora Pimentel. Secretarios: Makawi Staines Díaz y Marat Paredes Montiel.

El Tribunal Pleno, el quince de agosto en curso, aprobó, con el número 99/2006, la tesis jurisprudencial que antecede. México, Distrito Federal, a quince de agosto de dos mil seis.

(...)
Suprema Corte de Justicia de la Nación
Registro digital: 2018501
Instancia: Segunda Sala
Décima Época
Materias(s): Administrativa
Tesis: 2a./J. 124/2018 (10a.)
Fuente: Gaceta del Semanario Judicial de la Federación. Libro 60, Noviembre de 2018, Tomo II, página 897
Tipo: Jurisprudencia

NORMAS DE DERECHO ADMINISTRATIVO. PARA QUE LES RESULTEN APLICABLES LOS PRINCIPIOS QUE RIGEN AL DERECHO PENAL, ES NECESARIO QUE TENGAN LA CUALIDAD DE PERTENECER AL DERECHO ADMINISTRATIVO SANCIONADOR.

En la jurisprudencia P./J. 99/2006, el Pleno de la Suprema Corte de Justicia de la Nación fue contundente en precisar que tratándose de las normas relativas al procedimiento administrativo sancionador, es válido acudir a las técnicas garantistas del derecho penal, en el entendido de que la aplicación de dichas garantías al procedimiento administrativo sólo es posible cuando resulten compatibles con su naturaleza. En ese sentido, para que resulten aplicables las técnicas garantistas mencionadas, es requisito indispensable que la norma de que se trate esté inmersa en un procedimiento del derecho administrativo sancionador, el cual se califica a partir de la existencia de dos condiciones: a) que se trate de un procedimiento que pudiera derivar en la imposición de una pena o sanción (elemento formal); y, b) que el procedimiento se ejerza como una manifestación de la potestad punitiva del Estado (elemento material), de manera que se advierta que su sustanciación sea con la intención manifiesta de determinar si es procedente condenar o sancionar una conducta que se estima reprochable para el Estado por la comisión de un ilícito, en aras de salvaguardar el orden público y el interés general; es decir, ese procedimiento debe tener un fin represivo o retributivo derivado de una conducta que se considere administrativamente ilícita. Sobre esas bases, no basta la posibilidad de que el ejercicio de una facultad administrativa pueda concluir con el establecimiento de una sanción o infracción, sino que se requiere de manera concurrente que su despliegue entrañe una manifestación de la facultad punitiva del Estado, esto es, que el procedimiento tenga un marcado carácter sancionador como sí ocurre, por ejemplo, con los procedimientos sancionadores por responsabilidades administrativas de los servidores públicos.

Amparo directo en revisión 4679/2015. Carlos Barajas García. 17 de febrero de 2016. Cinco votos de los Ministros Eduardo Medina Mora I., Javier Laynez Potisek, José Fernando Franco González Salas, Margarita Beatriz Luna Ramos y Alberto Pérez Dayán; votó contra consideraciones Margarita Beatriz Luna Ramos. Ponente: José Fernando Franco González Salas. Secretaria: Maura Angélica Sanabria Martínez.

Amparo directo en revisión 4500/2015. Juan Barajas García. 16 de marzo de 2016. Cinco votos de los Ministros Eduardo Medina Mora I., Javier Laynez Potisek, José Fernando Franco González Salas, Margarita Beatriz Luna Ramos y Alberto Pérez Dayán; se apartaron de consideraciones Margarita Beatriz Luna Ramos y José Fernando Franco González Salas. Ponente: Eduardo Medina Mora I. Secretaria: Miroslava de Fátima Alcayde Escalante.

Amparo en revisión 1176/2016. Kenio Productions, S.A. de C.V. 5 de julio de 2017. Cinco votos de los Ministros Alberto Pérez Dayán, Javier Laynez Potisek, José Fernando Franco González Salas, Margarita Beatriz Luna Ramos y Eduardo Medina Mora I. Ponente: Javier Laynez Potisek. Secretaria: Jazmín Bonilla García.

Amparo en revisión 465/2017. Urban y Compañía, S.C. 13 de septiembre de 2017. Unanimidad de cuatro votos de los Mi-

nistros Alberto Pérez Dayán, Javier Laynez Potisek, José Fernando Franco González Salas y Eduardo Medina Mora I.; votó en contra de consideraciones Eduardo Medina Mora I. Ausente: Margarita Beatriz Luna Ramos. Ponente: José Fernando Franco González Salas. Secretaria: Adriana Carmona Carmona.

Amparo en revisión 388/2018. LAN Perú, S.A. 17 de octubre de 2018. Cinco votos de los Ministros Alberto Pérez Dayán, Javier Laynez Potisek, José Fernando Franco González Salas, Margarita Beatriz Luna Ramos y Eduardo Medina Mora I.; se apartó de algunas consideraciones Margarita Beatriz Luna Ramos. Ponente: Javier Laynez Potisek. Secretaria: Jazmín Bonilla García.

Tesis de jurisprudencia 124/2018 (10a.). Aprobada por la Segunda Sala de este Alto Tribunal, en sesión privada del catorce de noviembre de dos mil dieciocho.

Nota: La tesis de jurisprudencia P./J. 99/2006 citada, aparece publicada en el Semanario Judicial de la Federación y su Gaceta, Novena Época, Tomo XXIV, agosto de 2006, página 1565.

Esta tesis se publicó el viernes 30 de noviembre de 2018 a las 10:41 horas en el Semanario Judicial de la Federación y, por ende, se considera de aplicación obligatoria a partir del lunes 03 de diciembre de 2018, para los efectos previstos en el punto séptimo del Acuerdo General Plenario 19/2013."

Resulta una adición un tanto ociosa abarcar lo que las tesis establecieron, toda vez que con claridad otorgan acceso a los operadores del derecho administrativo sancionador/disciplinario, un acceso a la doctrina penal mientras *transita* hacia la elaboración de aquellos que le sean propios.

Ya sentados sobre una matriz argumentativa sólida, en este caso el derecho penal y su relacionada teoría del delito, debemos ser precisos que en los últimos años se han interpretado técnicas y principios garantistas del derecho penal a favor del derecho administrativo sancionador, siguiendo sus directrices esenciales, salvaguardando de esta manera los derechos fundamentales de los *imputados*, y que seguir estos principios no habla de una subordinación del derecho administrativo hacia el derecho penal, sino que estos se encuentran en mismo nivel o plano teniendo como diferencia sustancial el grado en materia sancionadora que existe en el segundo, normalmente juzgada doctrinalmente como la *última ratio*[4] del multicitado *ius puniendi.* Como colofón de dicha vertiente garantista homologada en esta materia, es de suma importancia dejar claro que, dentro de un procedimiento de esta naturaleza la persona investigada deberá siempre ser considerada como un sujeto de derecho y no como un mero objeto del poder dado a la Administración para sancionar.

Por lo anteriormente expuesto, es posible aplicar por analogía a la argumentación y labor de investigación, substanciación

---

4 "(...) Es común afirmar, cuando se examinan los límites al poder punitivo del Estado, que uno de los principios más importantes es el de *ultima ratio,* entendido como una de las expresiones del principio de necesidad de la intervención del Derecho penal. Esencialmente, apunta a que el Derecho penal debe ser el último instrumento al que la sociedad recurre para proteger determinados bienes jurídicos, siempre y cuando no haya otras formas de control menos lesivas "formales e informales". Si se logra la misma eficacia disuasiva a través de otros medios menos gravosos, la sociedad debe inhibirse de recurrir a su instrumento más intenso.
En este mismo orden, son preferibles aquellas sanciones penales menos graves si se alcanza el mismo fin intimidatorio. Es decir, estamos frente a un principio que se construye sobre bases eminentemente utilitaristas: mayor bienestar con un menor costo social. El Derecho penal deberá intervenir sólo cuando sea estrictamente necesario en términos de utilidad social general. (...)" CARNEVALI RODRIGUEZ, Raúl. DERECHO PENAL COMO ULTIMA RATIO. HACIA UNA POLÍTICA CRIMINAL RACIONAL. Ius et Praxis [online]. 2008, vol.14, n.1 [citado 2023-05-31], pp.13-48. Disponible en: <http://www.scielo.cl/scielo.php?script=sci_arttext&pid=S0718-00122008000100002&lng=es&nrm=iso>. ISSN 0718-0012. http://dx.doi.org/10.4067/S0718-00122008000100002.

y lo concerniente a la etapa jurisdiccional, los principios que rigen el derecho penal para aplicar el derecho administrativo sancionador velando siempre los derechos fundamentales de la persona, siendo de suma importancia que los jueces y legisladores identifiquen de manera precisa el objeto tutelar del *ius puniendi* del estado en el derecho penal y el sancionador en materia administrativa para evaluar de manera adecuada la homologación de los principios.

Al hablar de las similitudes entre el derecho penal y el derecho administrativo sancionador no se puede abordar un análisis en las diferencias de los mismos, se debe exigir una crítica que plantee en qué medida se puede aprovechar la experiencia en el ámbito penal sin entorpecer el desarrollo y sistematización y conceptos propios del derecho administrativo sancionador. En el ámbito administrativo el sistema deja atrás la represión de conductas antisociales para pasar a la protección del servicio público y, la forma que se trata el interés general es lo que se pone de manifiesto al estudiar el derecho disciplinario; los principios que rigen el proceso penal, como lo son la presunción de inocencia, deben ser tomados en cuenta en el ámbito disciplinario desde dos perspectivas como garantía del mecanismo de control de la arbitrariedad frente a un proceso y como un modelo de conducta de los servidores públicos, esto entendiéndose que en el ejercicio de la facultad concedida al servidor público implica la sujeción al principio de legalidad.

En esa línea de razonamiento que expone incluso una analogía, podemos afirmar: *doctrinal*, entre los extremos del derecho administrativo sancionador y disciplinario, se colige una *figura persecutora* aún más claramente delineada en las autoridades investigadoras que forman parte de los órganos de fiscalización.

2.3 OBSERVACIONES DE AUDITORÍA: EL INSUMO DE LAS FALTAS ADMINISTRATIVAS. SIMBIOSIS ENTRE FISCALIZADOR Y *PERSECUTOR*

A la Auditoría Superior del Estado, de conformidad con lo establecido en los numerales 116 fracción II párrafo sexto[5] y 134[6] párrafos segundo y quinto de la Constitución Política de los Es-

---

5 "Artículo 116. El poder público de los estados se dividirá, para su ejercicio, en Ejecutivo, Legislativo y Judicial, y no podrán reunirse dos o más de estos poderes en una sola persona o corporación, ni depositarse el legislativo en un solo individuo. (...)
Las legislaturas de los estados contarán con entidades estatales de fiscalización, las cuales serán órganos con autonomía técnica y de gestión en el ejercicio de sus atribuciones y para decidir sobre su organización interna, funcionamiento y resoluciones, en los términos que dispongan sus leyes. La función de fiscalización se desarrollará conforme a los principios de legalidad, imparcialidad y confiabilidad. Asimismo, deberán fiscalizar las acciones de Estados y Municipios en materia de fondos, recursos locales y deuda pública. Los informes de auditoría de las entidades estatales de fiscalización tendrán carácter público. (...)"

6 "Artículo 134. Los recursos económicos de que dispongan la Federación, las entidades federativas, los Municipios y las demarcaciones territoriales de la Ciudad de México, se administrarán con eficiencia, eficacia, economía, transparencia y honradez para satisfacer los objetivos a los que estén destinados.
Los resultados del ejercicio de dichos recursos serán evaluados por las instancias técnicas que establezcan, respectivamente, la Federación y las entidades federativas, con el objeto de propiciar que los recursos económicos se asignen en los respectivos presupuestos en los términos del párrafo precedente. Lo anterior, sin menoscabo de lo dispuesto en los artículos 26, Apartado C, 74, fracción VI y 79 de esta Constitución. (...)
El manejo de recursos económicos federales por parte de las entidades federativas, los municipios y las demarcaciones territoriales de la Ciudad de México, se sujetará a las bases de este artículo y a las leyes reglamentarias. La evaluación sobre el ejercicio de dichos recursos

tados Unidos Mexicanos y 43 Bis[7] de la Constitución Política del Estado de Yucatán, se le confiere competencia para realizar la

---

se realizará por las instancias técnicas de las entidades federativas a que se refiere el párrafo segundo de este artículo. (...)"

[7] "Artículo 43 Bis.- La Auditoría Superior del Estado es un órgano con autonomía técnica, presupuestal y de gestión para el ejercicio de sus atribuciones, así como para decidir sobre su organización interna, funcionamiento y resoluciones en los términos que disponga la ley.
La función de fiscalización se realizará conforme a los principios de legalidad, imparcialidad y confiabilidad.
La Auditoría Superior del Estado podrá iniciar el proceso de fiscalización a partir del primer día hábil del ejercicio fiscal siguiente, sin perjuicio de que las observaciones o recomendaciones que, en su caso realice, deberán referirse a la información definitiva presentada en la cuenta pública.
Asimismo, por lo que corresponde a los trabajos de planeación de las auditorías, la Auditoría Superior del Estado podrá solicitar información del ejercicio en curso, respecto de procesos concluidos.
La Auditoría Superior del Estado tendrá a su cargo:
I.- Fiscalizar en forma posterior los ingresos, egresos y deuda pública; el manejo, la custodia y la aplicación de los fondos y recursos públicos estatales y municipales, así como realizar auditorías sobre el desempeño en el cumplimiento de los objetivos contenidos en los programas estatales y municipales, a través de los informes que se rendirán en los términos que disponga la ley.
En el caso de que el estado y sus municipios celebren empréstitos y obligaciones de pago con independencia del origen de los recursos afectados como garantía, la Auditoría Superior del Estado podrá fiscalizar el destino y ejercicio de los recursos correspondientes. Asimismo, fiscalizará los recursos estatales y municipales que se destinen y se ejerzan por cualquier entidad, persona física o moral, pública o privada, y los transferidos a fideicomisos, fondos y mandatos, públicos o privados, o cualquier otra figura jurídica, de conformidad con los procedimientos establecidos en las leyes y sin perjuicio de la competencia de otras autoridades y de los derechos de los usuarios del sistema financiero.
Las entidades fiscalizadas a que se refiere el párrafo anterior deberán llevar el control y registro contable, patrimonial y presupuesta-

rio de los recursos del estado y los municipios que les sean transferidos y asignados, de acuerdo con los criterios que establezca la ley. La Auditoria Superior del Estado podrá solicitar y revisar, de manera casuística y concreta, información de ejercicios anteriores al de la cuenta pública en revisión, sin que por este motivo se entienda, para todos los efectos legales, abierta nuevamente la cuenta pública del ejercicio al que pertenece la información solicitada, exclusivamente cuando el programa, proyecto o la erogación, contenidos en el presupuesto en revisión abarque para su ejecución y pago diversos ejercicios fiscales o se trate de revisiones sobre el cumplimiento de los objetivos de los programas. Las observaciones y recomendaciones que, respectivamente, la Auditoría Superior del Estado emita, solo podrán referirse al ejercicio de los recursos públicos de la cuenta pública en revisión.
Sin perjuicio de lo previsto en el párrafo anterior, en las situaciones y términos que determine la ley, derivado de denuncias, la Auditoría Superior del Estado, previa autorización del titular podrá revisar durante el ejercicio fiscal en curso a las entidades fiscalizadas, así como respecto de ejercicios anteriores. Las entidades fiscalizadas proporcionarán la información que se solicite para la revisión, en los plazos y términos señalados por la ley y, en caso de incumplimiento, serán aplicables las sanciones que en esta se prevean. La Auditoría Superior del Estado rendirá un informe específico y detallado al Congreso y, en su caso, remitirá el expediente y promoverá las acciones que correspondan ante el Tribunal de Justicia Administrativa del Estado de Yucatán, la Fiscalía Especializada en Combate a la Corrupción o a las autoridades competentes.
II.- Entregar al Congreso el último día hábil de los meses de junio y octubre, así como el 20 de febrero del año siguiente al de la presentación de la cuenta pública, los informes individuales de auditoría que concluya durante el periodo respectivo. Asimismo, en esta última fecha, deberá entregar el Informe General Ejecutivo del Resultado de la Fiscalización Superior de la cuenta pública estatal, el cual se someterá a la consideración del Pleno del Congreso. El informe general ejecutivo y los informes individuales serán de carácter público y tendrán el contenido que determine la ley; estos últimos incluirán como mínimo el dictamen de su revisión, un apartado específico con las observaciones de la Auditoría Superior del Estado, así como

---

las justificaciones y aclaraciones que, en su caso, las entidades fiscalizadas hayan presentado sobre estas.

Para tal efecto, de manera previa a la presentación del informe general ejecutivo y de los informes individuales de auditoría, se darán a conocer a las entidades fiscalizadas la parte que les corresponda de los resultados de su revisión, para que estas presenten las justificaciones y aclaraciones que correspondan, las cuales deberán ser valoradas por la Auditoría Superior del Estado para la elaboración de los informes individuales de auditoría.

El titular de la Auditoría Superior del Estado enviará a las entidades fiscalizadas los informes individuales de auditoría que les corresponda, a más tardar a los diez días hábiles posteriores a que haya sido entregado el informe individual de auditoría respectivo al Congreso, los cuales contendrán las recomendaciones y acciones que correspondan para que, en un plazo de hasta treinta días hábiles, presenten la información y realicen las consideraciones que estimen pertinentes; en caso de no hacerlo se harán acreedores a las sanciones establecidas en ley. Lo anterior, no aplicará a las promociones de responsabilidades ante el Tribunal de Justicia Administrativa del Estado de Yucatán, las cuales se sujetarán a los procedimientos y términos que establezca la ley.

La Auditoría Superior del Estado deberá pronunciarse en un plazo de ciento veinte días hábiles sobre las respuestas emitidas por las entidades fiscalizadas, en caso de no hacerlo, se tendrán por atendidas las recomendaciones y acciones promovidas.

En el caso de las recomendaciones, las entidades fiscalizadas deberán precisar ante la Auditoría Superior del Estado las mejoras realizadas, las acciones emprendidas o, en su caso, justificar su improcedencia.

La Auditoría Superior del Estado deberá entregar al Congreso, el primer día hábil de los meses de mayo y noviembre de cada año, un informe sobre la situación que guardan las observaciones, recomendaciones y acciones promovidas, correspondientes a cada uno de los informes individuales de auditoría que haya presentado en los términos de esta fracción. En dicho informe, el cual tendrá carácter público, la Auditoría incluirá los montos efectivamente resarcidos a la Hacienda Pública federal, estatal o municipal, según sea el caso, o al patrimonio de los entes públicos, como consecuencia de sus ac-

---

ciones de fiscalización, así como las denuncias penales presentadas y los procedimientos iniciados ante el Tribunal de Justicia Administrativa del Estado de Yucatán.

La Auditoría Superior del Estado deberá guardar reserva de sus actuaciones y observaciones hasta que rinda los informes individuales de auditoría y el Informe General Ejecutivo al Congreso a que se refiere esta fracción; la ley establecerá las sanciones aplicables a quienes infrinjan esta disposición.

III.- Investigar los actos u omisiones que impliquen alguna irregularidad o conducta ilícita en el ingreso, egreso, manejo, custodia y aplicación de fondos y recursos estatales y municipales, y efectuar visitas domiciliarias, para solicitar la exhibición de libros, papeles o archivos indispensables para la realización de sus investigaciones, sujetándose a las leyes y a las formalidades establecidas para los cateos.

IV.- Promover y denunciar, derivado de sus investigaciones, las responsabilidades administrativas o penales que sean procedentes ante el Tribunal de Justicia Administrativa del Estado de Yucatán y la Fiscalía Especializada en Combate a la Corrupción, para la imposición de las sanciones que correspondan a los servidores públicos y a los particulares.

El Congreso del estado designará al Auditor Superior del Estado por el voto de las dos terceras partes de sus miembros integrantes. La ley en la materia determinará el procedimiento para su designación. El Auditor Superior del Estado será electo para desempeñar su cargo por ocho años y podrá ser reelecto por una sola vez.

Podrá ser removido, exclusivamente, por las causas graves que la ley señale, con la misma votación requerida para su nombramiento, o por las causas y conforme a los procedimientos previstos en el título décimo de esta Constitución.

Para ser titular de la Auditoría Superior del Estado se requiere cumplir, además de los requisitos establecidos en las fracciones I, IV, V, VI y VII del artículo 65 de esta Constitución, contar con título y cédula profesional, y acreditar, al menos, cinco años de experiencia en materia de control, auditoría financiera y de responsabilidad, los que señale la ley. Durante el ejercicio de su encargo no podrá formar parte de ningún partido político, ni desempeñar otro empleo, cargo o comisión, salvo los no remunerados en asociaciones científicas, docentes, artísticas o de beneficencia.

labor de revisión y fiscalización de los recursos públicos asignados a los Entes, que hasta antes de la reforma constitucional en materia de combate a la corrupción, únicamente tenía como desenlace un procedimiento netamente resarcitorio, de aquellas observaciones que no pudieron acreditar con los documentos idóneos y/o suficientes y/o pertinentes para cada caso.

Con la reforma del año dos mil quince, la labor de los órganos de fiscalización se vio acrecentada, a decir, se le dotó de mayores competencias, ya que no únicamente podría realizar la revisión y fiscalización de los recursos públicos, sino que además, desde sus correspondientes autoridades investigadoras recién conformadas, ahora están encargadas de desarrollar trabajos de investigaciones a efecto de que las irregularidades detectadas en la labor de fiscalización, pudieran culminar inclusive en el de faltas administrativas, establecidas en la Ley de Responsabilidades Administrativas del Estado.

Estas atribuciones se consolidaron a través, en el caso de Yucatán, de la Ley de Responsabilidades Administrativas del Estado de Yucatán, la cual data del 18 de julio de 2017, misma que en su artículo 10 determina la competencia genérica de la Auditoría Superior del Estado, para investigar y substanciar el procedimiento por las faltas administrativas graves, reforzando de esta manera lo ya señalado en la Carta Magna y en la Constitución Local.

Los servidores públicos estatales y municipales, así como cualquier entidad, persona física o moral, pública o privada, fideicomiso, mandato o fondo, o cualquier otra figura jurídica, que reciban o ejerzan recursos públicos estatales o municipales deberán proporcionar la información, documentación y auxilios que soliciten la Auditoría Superior del Estado, de conformidad con los procedimientos establecidos en las leyes y sin perjuicio de la competencia de otras autoridades y de los derechos de los usuarios del sistema financiero. En caso de no proporcionar la información, los responsables serán sancionados en los términos que establezca la ley. (...)"

Ahora bien, derivado de las nuevas facultades conferidas a esta autoridad, se crea la Unidad Investigadora de la Auditoría Superior del Estado de Yucatán, de conformidad con lo señalado en el numeral 120[8] de la Ley de Fiscalización de la Cuenta Pública del Estado de Yucatán publicada en el Diario Oficial del Gobierno del Estado el 18 de julio de 2017, y los artículos 2[9] fracción II y 12[10] de la Ley de Responsabilidades

8 "Artículo 120. División de funciones
La unidad administrativa de la auditoría superior a la que se le encomiende la substanciación ante el tribunal, deberá ser distinta de la que se encargue de las labores de investigación.
Para efectos de lo previsto en el párrafo anterior, el reglamento interior de la auditoría superior deberá contener una unidad administrativa a cargo de las investigaciones, que será la encargada de ejercer las facultades que la legislación aplicable en materia de responsabilidades administrativas le confiere a las
autoridades investigadoras; así como una unidad que ejercerá las atribuciones que la citada ley otorga a las autoridades substanciadoras. (…)"

9 "Artículo 2. Definiciones (…)
II. Autoridad Investigadora: La autoridad en las Secretarías, los Órganos internos de control, la Auditoría Superior de la Federación y las entidades de fiscalización superior de las entidades federativas, así como las unidades de responsabilidades de las Empresas productivas del Estado, encargada de la investigación de Faltas administrativas; (…)"

10 "Artículo 12. Investigación y trámite de Faltas graves y no graves derivadas de denuncias
Cuando derivado de denuncias que investigue la Autoridad Investigadora, así como las correspondientes de la Secretaría de Seguridad Pública en el Poder Ejecutivo, y los demás órganos de control en los organismos autónomos, se desprendan actos u omisiones tanto de faltas administrativas graves como no graves por el mismo servidor público, por lo que hace a las Faltas administrativas graves, remitirán las constancias documentales junto con el Informe de Probable Responsabilidad Administrativa a su área con competencia de autoridad substanciadora, para que proceda en los términos a que

Administrativas en cita, para armonizar dichas atribuciones en el Reglamento Interior de la Auditoría Superior del Estado en su artículo 18[11].

---

hace referencia el artículo 228 fracciones I a VII de la presente Ley, procediendo a enviar los autos originales del expediente al Tribunal del Estado para que, en su caso, resuelva la sanción que corresponda a dicha falta.
En el caso de que la investigación que derive de denuncias a cargo de servidores públicos municipales, se presuma la constitución de faltas graves que se relacionen con el manejo, aplicación, custodia irregular o desvió de recursos públicos estatales o municipales, las autoridades que reciban la denuncia y los órganos de control en los Municipios o quien ejerza las atribuciones de estos en los Ayuntamientos, deberán enviarla a la Auditoría Superior del Estado a fin de que ejerza las atribuciones de investigación y substanciación en los términos del artículo 10 de la presente Ley, para su posterior envío al Tribunal del Estado para los mismos efectos del párrafo anterior.
Si el Tribunal del Estado determina que se cometieron tanto faltas administrativas graves, como faltas administrativas no graves, al graduar la sanción que proceda tomará en cuenta la comisión de éstas últimas. (...)"

11 Artículo 18. Atribuciones de la Unidad Investigadora
La Unidad Investigadora tendrá las atribuciones siguientes:
I. Investigar la posible comisión de faltas administrativas que deriven de oficio, por denuncia o de las auditorías practicadas por parte de las autoridades competentes II. Recibir los pliegos de observaciones no solventados para el trámite correspondiente.
III. Realizar las gestiones necesarias con el objeto de resguardar la identidad de los sujetos contemplados en la Ley General de Responsabilidades Administrativas y la Ley de Responsabilidades Administrativas del Estado de Yucatán, respecto de las denuncias por probables faltas administrativas, siempre y cuando así lo soliciten.
IV. Elaborar el informe de probable responsabilidad administrativa correspondiente y presentarlo ante la Unidad Substanciadora, cuando los pliegos de observaciones no sean solventados por las entidades fiscalizadas, o en cualquier momento siempre que cuente con los elementos necesarios para ello, en términos de la legislación aplicable.

V. Presentar las denuncias correspondientes ante autoridad competente, cuando derivado de sus investigaciones acontezca la probable comisión de delitos y coadyuvar con la Fiscalía Especializada en Combate a la Corrupción, en la investigación de estos.
VI. Realizar de oficio las investigaciones debidamente fundadas y motivadas respecto de las conductas de las personas físicas o morales, públicas o privadas, que puedan constituir responsabilidades administrativas graves y que involucren el manejo, captación, aplicación, custodia irregular o desvío de recursos públicos
estatales o municipales.
VII. Proponer a la Dirección de Administración y Finanzas el establecimiento de áreas y medios de fácil acceso, para que cualquier interesado presente su denuncia por probables faltas administrativas.
VIII. Recibir y en su caso admitir o desechar las denuncias a cargo de servidores públicos de las entidades fiscalizadas, cuando se presuma la constitución de faltas administrativas graves que se relacionen con el manejo, aplicación, custodia irregular o desvío de recursos públicos estatales o municipales.
IX. Recibir el pliego de observaciones no solventado para el inicio de la investigación.
X. Recibir y dar trámite a la denuncia o investigación que derive de las auditorías que realicen los órganos internos de control de las entidades fiscalizadas, cuando se presuma la constitución de faltas administrativas graves o se encuentren relacionadas con el manejo, aplicación, custodia irregular o desvío de recursos
públicos estatales o municipales a cargo de servidores públicos municipales.
XI. Formular requerimientos de información a las personas físicas o morales, públicas o privadas, que sean sujetos de investigación por probables faltas administrativas graves cometidas en el ejercicio de sus funciones y que involucren el manejo, captación, aplicación, custodia irregular o desvío de recursos públicos
estatales o municipales.
XII. Realizar compulsas de documentos, recibir declaraciones de testigos y peritos, así como ordenar la práctica de inspecciones físicas, con el objeto de contar con elementos para determinar sobre la existencia de probables faltas administrativas graves.
XIII. Solicitar a cualquier persona física o moral, la información necesaria para el esclarecimiento de los hechos, con inclusión de

---

aquella que las disposiciones legales en la materia consideren con carácter de reservada o confidencial, siempre que esté relacionada con la comisión de infracciones a que se refiere la Ley General de Responsabilidades Administrativas y la Ley de Responsabilidades Administrativas del Estado de Yucatán.
XIV. Aplicar las medidas de apremio expresamente señaladas en la Ley de Responsabilidades Administrativas del Estado de Yucatán, para hacer cumplir sus determinaciones.
XV. Ordenar, por conducto de su titular, la práctica de visitas de verificación de conformidad con lo establecido en la Ley de Actos y Procedimientos Administrativos del Estado de Yucatán, cuando involucre el ejercicio de recursos públicos estatales o municipales, o según la Ley Federal de Procedimiento Administrativo, cuando involucre el ejercicio de recursos públicos federales.
XVI. Incorporar a sus investigaciones las técnicas, tecnologías y métodos de investigación que observen las mejores prácticas nacionales e internacionales.
XVII. Recibir el recurso de inconformidad promovido en contra de la resolución que califique las faltas administrativas como no graves.
XVIII. Interponer, en el ámbito de su competencia, el recurso de inconformidad en contra de la resolución que declare la abstención de iniciar el procedimiento de responsabilidad administrativa.
XIX. Suscribir acuerdos, por medio de su titular, para la habilitación del personal a su cargo, para realizar actuaciones, diligencias y notificaciones en los procedimientos administrativos de investigación seguidos a los servidores públicos de las entidades fiscalizadas o particulares.
XX. Acordar los escritos, promociones, oficios y demás documentos que se reciban, relacionados con los procedimientos administrativos de investigación de su competencia.
XXI. Emitir el acuerdo de conclusión y archivo del expediente cuando, concluidas las diligencias de investigación y análisis de los hechos, no se encontraren elementos suficientes para demostrar la existencia de la infracción y la probable responsabilidad del infractor, sin perjuicio de que la investigación pueda abrirse nuevamente si se presentan nuevos indicios o pruebas suficientes para determinar la existencia de la infracción y la responsabilidad del probable infractor.

En concordancia con lo anterior, así como con los capítulos en los que se expuso la estructuración tripartita para la operación del derecho administrativo sancionador/disciplinario, la Unidad Investigadora es el departamento a través del cual la ASEY en lo particular realiza las labores de "Investigación", es decir, estas unidades se encargan de encontrar un trasfondo en su caso, respecto de las irregularidades que se detecten en la labor de revisión y fiscalización, para ello parten de las observaciones plasmadas en los Informes Individuales, Pliegos de Observaciones y Pliegos de Observaciones No Solventados[12].

XXII. Realizar ante el Tribunal de Justicia Administrativa los actos procesales necesarios conforme a lo dispuesto por la Ley de Responsabilidades Administrativas del Estado de Yucatán.
XXIII. Recurrir las determinaciones del Tribunal de Justicia Administrativa, de la Fiscalía Especializada en Combate a la Corrupción y de cualquier otra autoridad, en asuntos en los que sea parte o denunciante.
XXIV. Coadyuvar con la autoridad competente, en los procedimientos penales que correspondan.
XXV. Investigar el posible enriquecimiento oculto u ocultamiento de conflicto de interés, de conformidad con la información proporcionada, llevando el seguimiento de la evolución y la verificación de la situación patrimonial de los declarantes, en los términos de la Ley de Responsabilidades Administrativas del Estado de Yucatán.
XXVI. Certificar las copias de los documentos que obren en sus archivos.
XXVII. Determinar la existencia o inexistencia de faltas administrativas, así como su calificación, y, de ser procedente, dar parte a las autoridades competentes para la investigación de las faltas administrativas no graves.
XXVIII. Las demás que establezcan las disposiciones legales aplicables, o que determine el Auditor Superior

12 Instrumento implementado por la Auditoría Superior del Estado de Yucatán, con el objeto de la generación de un precedente definitivo acerca de los concluido en la correspondiente etapa de auditoría y fiscalización en lo concerniente a cada observación, estableciendo los montos y formulaciones de carácter conclusivo y por lo tanto, previo, a la etapa de auditoría y fiscalización.

De acuerdo al artículo 97[13] de la Ley de Responsabilidades Administrativas, en símil con la Ley General que previamente se

---

[13] Artículo 97. Mecanismos para iniciar investigaciones
La investigación por la probable responsabilidad de Faltas administrativas iniciará de oficio, por denuncia o derivado de las auditorías practicadas por parte de las autoridades competentes o, en su caso, de auditores externos. Las denuncias podrán ser anónimas, caso en el cual deberán contener los elementos o indicios a que hace referencia el artículo 100 de la presenta Ley para que proceda considerarse iniciar una investigación, o en su caso, auditoría, con excepción del requisito de la identificación del denunciante. Sin embargo, para que la manifestación del denunciante sea susceptible de tener un valor probatorio de testimonial deberá identificarse ante la autoridad investigadora competente y cumplirse con los elementos de Ley aplicables a los testigos, sin perjuicio de que solicite el resguardo de la confidencialidad a la que hace referencia el artículo siguiente.
En su caso, las autoridades investigadoras mantendrán con carácter de confidencial la identidad de las personas que denuncien las probables infracciones, excepto que se cuente con el consentimiento expreso de la persona que haga del conocimiento la denuncia.
Las denuncias serán promovidas por los particulares o los representantes de las personas morales del sector social o privado por conductas a cargo de servidores públicos o particulares, que pudieren constituir responsabilidades administrativas en términos de esta Ley, para lo cual podrán identificarse o representar su
personería jurídica, sin perjuicio de que hagan valer su derecho de mantener la confidencialidad, con las limitaciones que podría traer como consecuencia a las autoridades investigadoras y substanciadoras, ante la obligación de hacerse del conocimiento del servidor público probablemente responsable la identidad o denominación de la persona física o moral que le imputa la probable responsabilidad.
En el caso de que la denuncia se haga por escrito o por medios remotos de comunicación electrónica, el denunciante, de preferencia señalará domicilio en el Estado y un correo electrónico para que se le hagan las notificaciones y deberá comparecer su autor ante la Autoridad investigadora a ratificar su escrito dentro de los 10 días hábiles siguientes a la fecha de presentación.

ha analizado, una de las formas en que puede dar inicio un procedimiento de responsabilidades administrativas es derivado de las labores de auditoría, esto significa, que, de acuerdo al planteamiento lógico de la ley, se entiende como natural, que como conclusión de la labor de fiscalización, la instancia que le sucede, es la que concierne a las labores de investigación de faltas administrativas, motivo por el cual, son las multicitadas observaciones, el tránsito que existe entre una irregularidad a partir de dicho contexto y competencia, para la entrada en la competencia y paradigma, ya propiamente, de las faltas administrativas.

De allí que se infiere que las observaciones son la base a partir de la cual este órgano de fiscalización y su correspondiente unidad investigadora desarrollan líneas de trabajo con el afán de acreditar o descartar conductas que encuadren entre las descritas en la Ley de Responsabilidades Administrativas del Estado de Yucatán, configurándose, por tanto, en la materia prima en la labor de investigación, motivo por el cual, las observaciones revisten capital trascendencia para la labor del derecho administrativo sancionador y disciplinario, toda vez que son el punto de inicio en un proceso que en su evolución puede culminar en resoluciones de carácter judicial, resoluciones que ya ejecutoriadas, son el destino natural de este procedimiento novedoso.

En este punto equidistante entre la conclusión de la etapa de fiscalización y el inicio de la de investigación en materia de faltas administrativas, es donde afirmamos que se encuentra fundamentalmente la simbiosis entre dos manifestaciones de un

---

De haberse señalado domicilio y un correo electrónico y habiendo transcurrido el término señalado en el párrafo anterior, la Autoridad investigadora le requerirá para que comparezca dentro de los tres días hábiles siguientes a la recepción de la notificación. De no comparecer se tendrá por no presentada la denuncia, procediéndose a su conclusión y archivo.

órgano de fiscalización el *persecutor* y el auditor; que aunque pueden guardar similitud, la naturaleza de la que está dotada cada carácter de los dos enunciados, son primordialmente diversos.

Partiendo de los puntos anteriores, nos encontramos ante la compleja labor, de trasladar los insumos, en el caso que nos ocupa, de las observaciones, al resultado final que persigue la Unidad Investigadora, es decir, la calificación como falta grave de determinado hecho o conducta, la cual para su arribo hace uso de diversos principios en materia penal aplicados al Procedimiento Administrativo Sancionador y/o Disciplinario; siendo que dicha asimilación guarda su origen en el procedimiento administrativo de especia ya recalcada, el cual según la Real Academia Española[14], se define como aquel sistema represivo o de castigo que el ordenamiento jurídico encomienda a la Administración y que forma parte, junto al derecho penal, del *ius puniendi* del Estado y que castiga con sanciones administrativas los ilícitos menos graves que su homólogo penal; luego entonces, en concatenación con lo dispuesto en la Tesis Jurisprudencial con número de registro 2018501, citada en líneas anteriores, de las normas relativas al procedimiento administrativo sancionador, es válido acudir a las técnicas garantistas del derecho penal, en el entendido de que la aplicación de dichas garantías al procedimiento administrativo sólo es posible cuando resulten compatibles con su naturaleza, siendo el requisito indispensable que la norma se encuentre contemplada dentro del derecho administrativo sancionador,

---

[14] "1. Adm. Sistema represivo o de castigo que el ordenamiento jurídico encomienda a la Administración y que forma parte, junto al derecho penal, del iuspuniendi del Estado. Castiga con sanciones administrativas los ilícitos menos graves.
2. Adm. Parte del derecho administrativo que prevé y regula la potestad de imponer castigos por parte de la Administración pública." Consultado electrónicamente en: https://dpej.rae.es/lema/derecho-administrativo-sancionador

no obstante, dicho requerimiento solo puede determinarse si se cumplen los requisitos establecidos por la Segunda Sala de la Suprema Corte de Justicia de la Nación, que como ya se ha abundado, son:

- Que se trate de un procedimiento que pudiera derivar en la imposición de una pena o sanción, cuestión que se cumple, a través de los diversos numerales de la Ley de Responsabilidades Administrativas del Estado de Yucatán en los que se describen y señalan las sanciones por faltas administrativas tanto graves como no graves.
- Que el procedimiento se ejerza como una manifestación de la potestad punitiva del Estado, en efecto, este requisito de traduce en el objetivo principal de la Ley de Responsabilidades Administrativas, pues este busca castigar e imponer las sanciones respectivas por la comisión de las faltas administrativas.

Ahora bien, de lo ya indicado, es posible concluir que el procedimiento que nos concierne, y que se encuentra establecido en la multicitada Ley, es un procedimiento administrativo sancionador, por lo que la aplicación de los principios y/o técnicas del derecho penal, son aplicables a la misma. Por otra parte, es imprescindible reiterar la importancia que reviste cada una de las observaciones o hallazgos efectuados en el procedimiento de auditoría, en ese entendido, de los mencionados hallazgos, se despliega una serie de actos que podemos catalogar, primero, como aquellos que terminan de materializar la irregularidad como una observación no atendida, y posteriormente como parte de la investigación y labor argumental desde las competencias de la autoridad investigadora para subsumir la acción o hecho que conlleva la misma a una hipótesis de tipo administrativo. El procesamiento inherente de lo aquí expuesto se puede esquematizar de la siguiente manera:

a. Como parte de la auditoría y fiscalización, aquellos hallazgos tendientes a materializar la irregularidad como una observación no solventada, que resultan de la evolución de estos procesos siguen, en resumidas cuentas, el siguiente esquema:

- Primeramente, efectuar un análisis del grado de acreditación del uso, destino y aplicación, de los recursos públicos relacionados con la observación en cuestión.
- De forma posterior, derivado de la no acreditación del destino de los recursos, se procede a la emisión de los Pliegos de Observaciones, en los cuales se plasman las irregularidades, la documentación faltante y se otorga un plazo para la solventación de las mismas.
- Como consecuencia a la no solventación, se emite el Pliego de Observaciones No Solventado, en el que se describen las irregularidades, la documentación presentada y valorada, así como aquella que resulta necesaria para el esclarecimiento del uso de los recursos y que no fue presentada por la Entidad.
- En atención al punto anterior, se remite el Pliego de Observaciones No Solventado a la Unidad Investigadora de la propia Auditoría Superior del Estado, para llevar a cabo las labores de investigación.

b. Ya como parte de las atribuciones de la Autoridad Investigadora, esta emite actos de investigación, y la labor argumental desde las competencias de esta, se encamina para subsumir la acción que conlleva la misma a un tipo administrativo, proceso que puede sintetizarte genéricamente del siguiente modo:

   - Se procede a la verificación de los insumos obtenidos tanto del procedimiento de auditoría, como aquellos recabados tanto de las solventaciones como de las diferentes etapas del proceso, efectuando un análisis entre esta y la irregularidad en cuestión.

- Una vez efectuado dicho análisis, se procede a verificar la viabilidad de llevar a cabo actos de investigación, conforme a lo dispuesto por el artículo 96 de la Ley de Responsabilidades Administrativas del Estado, lo anterior, en aras de determinar la conducta para así estar en aptitud de encuadrarla en el tipo administrativo contemplado en la normativa.
- Recabada la información de los actos de investigación, se efectúa una hipótesis con base en lo estipulado en la Ley de Responsabilidades Administrativas, en cuanto al apartado de faltas administrativas.
- Efectuada la hipótesis, la Unidad Investigadora, procede a realizar la subsunción de la misma al tipo administrativo, es decir, a la falta administrativa grave, siendo que, para ello, puede acudir a las técnicas que la materia penal ofrece, en relación a la tipicidad, antijuridicidad y culpabilidad para el encuadramiento de la conducta al tipo, situación que fue descrita con anterioridad, por lo que debe atenderse a los elementos básicos que permitan llegar al tipo, y para ello se requiere realizar las preguntas: ¿Quién lo hizo? ¿Qué hizo? ¿Qué normativa infringió con su conducta u omisión?

El citado proceso se lleva a cabo con la finalidad de determinar las conductas, encuadrarlas en los tipos administrativos, y con base en ello, efectuar la calificación y el posterior informe de presunta responsabilidad administrativa, para continuar el procedimiento administrativo e imponer las sanciones correspondientes, con un desglose de elementos que sintetizan argumentaciones símiles a las aplicadas en la teoría del delito.

De modo conclusivo en lo referente a las observaciones, las labores de fiscalización requieren de una nueva perspectiva nutrida con los nuevos fundamentos y principios planteados en las responsabilidades administrativas, lo cual requiere necesariamente una continua retroalimentación entre auditores y funcionarios investigadores, para que de ese modo, los procesos que se implican en auditorías y fiscalización, culminen en insumos con un cariz que permita que la labor investigadora culmine con resultados basados en interpretaciones lo más acordes posibles a este nuevo paradigma.

2.4 UNA BREVE PROPUESTA PARA LA SINTETIZACIÓN DE PROCESOS DE FISCALIZACIÓN CON UNA PERSPECTIVA DE INVESTIGACIÓN

De lo que ha sido desarrollado podemos hacer una valoración panorámica de como la fiscalización a partir de la reforma en materia de derecho administrativo disciplinario y/o sancionador, requiere de un nuevo enfoque. Abundando a ese respecto, las observaciones e irregularidades planteadas durante los procesos de fiscalización resultan la amplia mayoría de los asuntos que se siguen ante la autoridad investigadora, lo cual resulta lógico por atender a causas de concatenación de instancias, punto en el que se bifurca la conclusión de la labor de fiscalizar y el inicio de una investigación bajo el tenor del derecho administrativo disciplinario. De esto también se resalta, que la autoridad investigadora esté en el imperativo de, como mínimo, la apertura de un expediente por irregularidad, con tres posibles resultados que atienden a sus funciones determinadas por su competencia: determinar la inexistencia de faltas administrativas graves, la incompetencia por tratarse de irregularidades que derivan en faltas fuera de su competencia (no graves) o bien, acordar la calificación de falta administrativa grave por subsumirse alguna tipología de las señaladas en la ley como faltas de esta especie.

Ahora bien, una vez bajo la claridad de que la principal hipótesis que aplica en la labor de la autoridad investigadora es aquella que ve su origen en la auditoría y fiscalización, esto nos hace enfrentarnos a todos los que nos dedicamos a la operación de un procedimiento en materia de derecho administrativo sancionador, a desarrollar líneas argumentales que partan de una irregularidad elaborada bajo las reglas de la fiscalización y de ese modo arriben al agotamiento de una hipótesis de falta administrativa grave. Este recorrido, tal y como se ha analizado, transita por múltiples aristas y problemáticas que pueden obstaculizar el éxito que representa una argumentación sólida con miras a acreditar la comisión de una falta administrativa grave, para lo cual, la autoridad investigadora debe estar clara en que de una irregularidad, por si sola, no resultan nunca, en un cumplimiento de hipótesis de falta administrativa, en este caso grave, sino que se requiere de una tratamiento investigativo y lógico jurídico, para que tomando como base (insumo) el hallazgo, se emitan planteamientos y líneas de investigación, materializadas en actos, encaminadas al esclarecimiento de las conductas que en la evolución de las irregularidades se reflejan para que nos encontremos ante los tres resultados posibles que ya se han enunciado, inexistencia, incompetencia o calificación de faltas administrativas graves.

La síntesis argumental que se requiere en el tránsito entre una irregularidad en fiscalización y la subsunción de una falta administrativa grave que se plantea en un acuerdo de calificación, como se analizó, está cimentada en una aplicación análoga de los principios del derecho penal, de los cuales, funge como herramienta fundamental la teoría del delito que en el devenir doctrinal del derecho penal se ha ido consolidando en su aplicación práctica; Esta herramienta, incluso ya determinada por jurisprudencia para su aplicación análoga bajo ciertos requisitos, debe tomarse bajo la precaución de que si bien las faltas administrativas graves en su composición son de gran similitud a los tipos penales en materia de corrupción, por lo menos en lo referente a la legislación yucateca, revisten de matices que nos permiten superponerlas unas a otras, primero, por matices que atienden a su redacción que mutan determinados elementos, y sobre todo por los características que diferencian el procedimiento en materia de derecho administrativo disciplinario y el procedimiento penal.

Sintetizando todo lo que ya ha sido abordado, se elabora en modo interrogativo lo que ha pretendido transmitirse a través del presente capítulo que es fundamentalmente lo siguiente:

- ¿Las irregularidades planteadas desde la auditoría y fiscalización (normalmente observaciones) de los recursos públicos son necesariamente faltas administrativas siempre determinadas de modo específico? A esto se responde que en ningún caso, en si misma, de una irregularidad u observación de auditoría, por mucha claridad que revista en su planteo, se deduce de modo inmediato una falta administrativa, primeramente con motivo de que la sistematización procedimental coloca a la etapa de investigación y calificación como instancia de perfeccionamiento en la subsunción de una falta administrativa, y adicionalmente, a que la irregularidad está delimitada a sus propias características de cumplimiento en el ejercicio de los recursos públicos y por lo tanto únicamente otorga el insumo a partir del que se construirá la argumentación por parte de la autoridades investigadoras, por ser un símil persecutor en el procedimiento penal, para la debida calificación de las mismas faltas. En otras palabras, la labor fiscalizadora y la labor investigadora, si bien insertas como engranajes del mismo sistema cuyo objetivo final es el combate a la corrupción, responden a competencias y funciones que desde su naturaleza producen, en el caso de las primeras, las observaciones, para que ya en manos de las segundas, se produzca la labor argumental y ya propiamente lógico-jurídica que permitan el desglose preciso de los elementos que permitirán la calificación correcta de una falta administrativa grave.
- ¿Es posible establecer elementos que conjunten irregularidades por compartir elementos símiles y de este

modo trazar líneas generales para un procesamiento más directo a determinadas faltas administrativas? La respuesta concreta ante este planteamiento y de acuerdo a lo analizado, es que sí es posible establecer líneas que como parte de las conductas narradas y observadas en las irregularidades se puedan desprender elementos conjuntables, para que, a su vez de dichos elementos, sea posible categorizar líneas de investigación precisas para las labores de dicha índole encaminadas a la subsunción o bien esclarecimiento de irregularidades específicas. Dicho de otro modo, sí es posible jurídicamente reenfocar factores específicos en la labor auditora y fiscalizadora que conjunten y se hagan coincidentes con la labor de investigación y calificación de faltas administrativas, por supuesto, sin extralimitar las funciones, atribuciones y competencias de cada una de las esferas; y se afirma de este modo, a partir de que las irregularidades comparten elementos torales en su planteo que pueden conjuntarse y ser reenfocados a partir de la retroalimentación por cada ejercicio fiscal para de esa manera irse perfeccionando en sus rutas, por lo menos preliminares, hacia faltas administrativas específicas.

3. ¿Parte procesal en materia penal?

Como parte de la multicitada reforma en materia de combate a la corrupción, se desprendió una reformulación de la tipología en materia penal, para que en mayor o menor medida, se procure la atención especializada en materia de hechos de corrupción y en consecuencia someter a una reingeniería los códigos sustantivos a ese respecto.

Esta reingeniería normativa dio como resultado reformar el Título Décimo del Código Penal Federal para titularlo como *"Delitos por hechos de corrupción"* y en el caso del estado de Yucatán, el Título Décimo Tercero homónimo. Estas reformas secundarias pueden ser vistas desde una lente doctrinal en materia penal, ateniéndonos a la nominación de los Títulos de los Códigos Sustantivos de los que se colige comúnmente el bien jurídico que el dispositivo pretende proteger a través de la tipificación de los delitos que enlistará. Sobre este concepto de capital relevancia para el derecho penal, es menester poner de relieve que el concepto y definición de "bien jurídico protegido", "bien jurídico tutelado" o, únicamente "bien jurídico", se ha entendido fundamentalmente como un ente tangible o intangible que delimita una esfera de intereses y rasgos humanos cuya protección es relevante para el derecho entendido de modo *lato.* Desde tal perspectiva, son precisamente estos entes formales los que constituyen el objeto final de ser del derecho por constituirse como los que dotan de trascendencia al existir de un entramado jurídico, en ese sentido, no tendría razón de existir una norma que como fin, no pretende mínimamente exteriorizarse a si misma para ser depositaria de determinado interés humano, o lo que es lo mismo, resulta en un axioma postular que el lenguaje jurídico deposita imperativamente determinado elemento relevante del ser humano, es decir, un bien en el aspecto ya desarrollado.

3.1. LA EVOLUCIÓN DEL CONCEPTO DE "BIEN JURÍDICO".

La noción contemporánea de *"bien jurídico"*, de modo más preciso *"bien jurídico tutelado"*, es un concepto que de modo inmediato, desde que se lee o escucha se vincula al derecho penal. En ese sentido, Piva Torres reflexiona:

> *"En nuestro criterio para obtener la categoría de bien jurídico, se requiere que los intereses que lo representen tengan la común valoración positiva y esencia, es decir, que resulten generalmente apreciados por la mayoría de la población, la cual siente la necesidad de ser protegida, en caso contrario, no será propiamente bien jurídico. Es decir, la determinación de lo que es o no bien jurídico-penal reside en el sentimiento de la mayoría de la población, de esta manera, si la ley penal tutela valores o intereses no sentidos por la mayoría de los ciudadanos y que solo afectan o preocupan a un grupo, esa ley no será derecho, pues la potestad punitiva está al servicio no de la comunidad, sino del grupo que la domina."*[1]

Aunque la expresión *"bien jurídico tutelado"*, se encuentra normalmente relacionada a la rama dicha, el concepto de *"bien jurídico"* puede ser abordado de modo *lato*. Este concepto y su reflexión ha tenido relevancia en materia de filosofía del derecho, especialmente como parte de teorizaciones jurídicas modernas, y de la redefinición del derecho desde las aristas del fenómeno histórico de la modernidad como por ejemplo, los elementos definitorios preliminares que constituyeron sus definiciones contemporáneas. Sobre este devenir de reflexiones de filosofía del derecho en la modernidad, fue algo reflexionado por Feuerbach, citado aquí por Piva, Torres:

---

1 Piva Torres, G. E. y Delgado Rueda, E. N. (2020). Teoría del bien jurídico tutelado por el derecho penal español: referencia a los principales bienes jurídicos de los tipos penales del código penal., J.M. BOSCH EDITOR, Barcelona, España.

> *"Desde que en el contexto de la herencia del iluminismo Feuerbach formulará el concepto inicial de bien jurídico como "aquellas condiciones de vida en común de las que el Estado es garante", hasta las últimas posiciones en torno al tema, el bien jurídico ha sido parte integrante y básica de la teoría del delito desempeñando fundamentalmente dos papeles: como espacio delimitado de protección y como freno de la política criminal."*[2]

Ergo, el concepto aquí abordado no necesariamente cobra sentido cuando se plantea como aquello que es lesionado o transgredido bajo determinadas hipótesis delitos, sino que se trata de un concepto que es abarcable a toda la ciencia jurídica y que guarda un vínculo con el propósito y fin mismo del derecho, expresado de modo amplio. Rudolphi otorga algo de luz al respecto cuando señala:

> *"Rudolphi define a los bienes jurídicos como" las unidades de función social indispensables para el desenvolvimiento de la sociedad". Tales unidades están configuradas en la Constitución, la cual es el parámetro básico para determinar los bienes jurídicos objeto de tutela".*[3]

Siguiendo a Rudolphi ahí citado en Bianchi, los bienes jurídicos, pueden estar depositados desde el nivel constitucional, con lo que se coincide en el sentido de que resulta lógico que las normas de un país, salvaguarden a través de sus postulados jurídicos valores e intereses determinados que un Estado naciente considera como dignos de la misma salvaguarda.

Ya con este *corpus* que sostiene y justifica una concepción ampliada de lo que se entiende por *bien jurídico*, aquí se elabora la proposición de nuestra hipótesis que resulta de una serie de interpretaciones que complementadas con herramientas doc-

---

2 Bianchi Pérez, P. B. (2009). Evolución del concepto de bien jurídico en la dogmática penal. Revista Semestral de Filosofía Práctica. No. 22, 2009. Mérida, Argentina: Red Universidad de Los Andes.

3 Op, cit. Idem

trinales precisas, para que de esta manera *el correcto desempeño del servicio público* pueda ser tomado como un bien jurídico desde la Constitución Federal, y por supuesto, un bien jurídico tutelado desde y para el ámbito del sistema penal mexicano; todo esto como basamento en los títulos correspondientes en materia de hechos de corrupción en los códigos sustantivos.

Conforme a lo reflexionado acerca del bien que se protege como parte de los delitos en materia de corrupción, se propone como corolario que el hecho de que los delitos por hechos de corrupción se encuentro en un título específico, no resulta algo casual ni azaroso, toda vez que la reforma que implicó la separación de dichos tipos en un título independiente, y más aún, que se haya creado una Fiscalía especializada para la investigación de dichos delitos, se insertan en un marco que se ha construido desde un ámbito y fundamento Constitucional y convencional, que suele nombrarse como la reforma en materia de combate a la corrupción, la que engendró lo que ahora se conoce como Sistema Nacional Anticorrupción cuya atribución constitucional radica en el diseño de toda una estructura normativa y jurídico-orgánica cuyo primordial objetivo es el de la coordinación de las instancias en diversas disciplinas para aglutinar en un solo diseño institucional cuyo objetivo primordial y mandato constitucional radica en la prevención, detección, investigación y sanción de hechos de corrupción tanto en el ámbito penal como administrativo, tal y como se indica en el numeral 113 de nuestra carta magna. *Ergo* se propone como bien jurídico tutelado para este tipo de delitos, el del *correcto desempeño del servicio público,* para que a su vez como premisa a *contrario sensu* que robustece esta proposición, estimamos que para efectos de tipos penales que lesionan bienes jurídicos netamente patrimoniales, existen como tales títulos que así se regulan, es decir, el fraude, despojo y robo etc. se encuentran en sus títulos respectivos, a la salvaguarda del bien destacado, puesto que su cometido está en proteger el patrimonio como bien jurídico *per se* mientras que para lo que concierne a los delitos de corrupción, estos se encuentran en el añadido de proteger un bien que evidentemente no se agota en el mero *patrimonio* de los entes públicos titulares. En otras palabras, el derecho penal anticorrupción no protege el patrimonio público, por el patrimonio público por sí solo, motivo por el cual no está en el título que *prima facie* le correspondería bajo esa suposición, sino que reviste de un añadido formal, que es a nuestro criterio el que aquí se propuso y es la razón fundamental por la que de suyo, le corresponde un esquema y título inherente.

3.2. DENUNCIANTE

La esfera de atribuciones de los órganos de fiscalización se caracteriza por ser ambigua en materia penal, incluso, en el alcance que esta puede tener, incluso a razón de cada una de las etapas que abarca el procedimiento en dicha materia. Cómo punto de partida, en el caso de ASEY, se encuentra la atribución expresa y que es orgánica al mismo órgano de fiscalización que encuentran fundamento en las conocidas como *acciones de auditoría*[4] que se regulan en el numeral 51 y 78 fracción de la Ley de fiscalización de la Cuenta Pública del Estado de Yucatán:

> *"(...)*
> *Artículo 51. Recomendaciones y sanciones*
>
> *Las observaciones que, en su caso, emita la auditoría superior como resultado de la fiscalización superior, podrán derivar en recomendaciones; en acciones y previsiones, incluyendo*

---

4 Término comúnmente utilizado para englobar el conjunto de facultades que se le atribuyen al Auditor Superior que parten de los hallazgos y resultados de su labor auditora y fiscalizadora de los recursos públicos. Este término puede tomarse tanto de modo conceptual, incluso afirmaríamos que podría formularse *doctrinalmente* pero también el término "*acción*" se encuentra regulado desde una vertiente de *lex*.

solicitudes de aclaración, pliegos de observaciones, informes de presunta responsabilidad administrativa, promociones del ejercicio de la facultad de comprobación fiscal, promociones de responsabilidad administrativa sancionatoria, denuncias de hechos ante la vicefiscalía[5] *especializada y en denuncias de juicio político.*
(...)

Artículo 78. Acciones de la auditoría

La auditoría superior, al promover o emitir las acciones a que se refiere esta ley, observará lo siguiente:

VI. Mediante las denuncias de hechos, hará del conocimiento de la vicefiscalía especializada, la posible comisión de hechos delictivos.
(...)".

A esto se le debe añadir una característica que se le proporciona a la naturaleza del órgano de fiscalización yucateco reflejado, a nivel federal, en la Ley de Fiscalización y Rendición de Cuentas de la Federación, por resultar ser una norma especial al versar sobre las facultades, obligaciones y procedimientos de la Auditoría Superior de la Federación ante la fiscalización, rendición de cuentas y el combate a la corrupción. En ese sentido, ante la característica especial de la Ley de Fiscalización,

---

5 Ahora Fiscalía Especializada en Combate a la Corrupción del Estado de Yucatán derivado de su emancipación para erigirse como fiscalía autónoma de conformidad con el decreto 128/2019 publicado en el Diario Oficial del Gobierno del Estado de Yucatán, en fecha catorce de noviembre del dos mil diecinueve, por el cual se modifica la Constitución Política del Estado de Yucatán, en materia de autonomía de la Fiscalía Especializada en Combate a la Corrupción del Estado de Yucatán.

prevalece su contenido ante alguna norma general, tal y como lo indica el criterio de especialidad[6].

Bajo las premisas sentadas por ese numeral, y de la facultad que dicha ley le otorga al Auditor Superior de formular denuncias, que además en sistematizable con los artículos 1°, 8°, 14, 16, 17 y 20 de la Constitución Política de los Estados Unidos Mexicanos, invocados como garantías que a nuestro juicio construyen un bloque de tutela de los derechos de los órganos de fiscalización, que a su vez, se aplican en concordancia con las atribuciones legales que le confiere la Ley de la Fiscalía General del Estado de Yucatán, para de esa manera ser acorde a una sistematización en aras de cumplir de esa manera con el espíritu del Sistema Nacional y Estatal en materia de combate a la corrupción, que se expone desde el ámbito estatal en los numerales 7, 8 y 12 de la Ley del Sistema Estatal Anticorrupción de Yucatán.

> *"(...) Artículo 7. Objeto*
> *El Sistema Estatal Anticorrupción de Yucatán es la instancia que tiene por objeto establecer, articular y evaluar la política estatal en materia de prevención, detección y sanción de responsabilidades administrativas y hechos de corrupción; fiscalización y control de los recursos públicos; así como establecer los principios, bases generales, políticas públicas para la coordinación de las autoridades del estado y sus municipios en estas materias.*

---

6 "(...) 4.3 Criterio de especialidad.
Este criterio se utiliza cuando existe una norma especial para regular una conducta general y existe otra que regula la misma conducta para sujetos o hechos en específico. (...)" CONGRESO REDIPAL VIRTUAL IX Red de Investigadores Parlamentarios en Línea. Marzo-septiembre 2016. Ponencia presentada por Sujey Azucena Villar Godínez "LAS ANTINOMIAS Y EL PRINCIPIO PRO PERSONA: LA INTERPRETACIÓN DE LA LEY POR EL LEGISLADOR" Abril 2016. Av. Congreso de la Unión No. 66, Colonia El Parque; Código Postal 15969, México, DF. Consultable en https://www.diputados.gob.mx/sedia/sia/redipal/TEMA2/T2_CRV-IX-01-16.pdf

Las políticas públicas que establezcan los comités coordinadores de los sistemas nacional y estatal anticorrupción deberán ser implementados por todos los entes públicos. La secretaría ejecutiva dará seguimiento a la implementación de dichas políticas.

Artículo 8. Integración del sistema

El Sistema Estatal Anticorrupción se conformará por los integrantes del comité coordinador y el Comité de Participación Ciudadana.
(...)

Artículo 12. Integración
El comité coordinador está integrado por:
I.- El presidente del Comité de Participación Ciudadana, quien lo presidirá.
II.- El secretario de la Contraloría General.
III.- El auditor superior del Estado.
IV.- El vicefiscal especializado en Combate a la Corrupción.
V.- El presidente del Instituto Estatal de Transparencia, Acceso a la Información Pública y Protección de Datos Personales.
VI.- El presidente del Tribunal de Justicia Administrativa del Estado de Yucatán.
VII.- Un consejero del Consejo de la Judicatura del Poder Judicial del Estado de Yucatán, designado por este.
(...)"

De esta forma, al colegirse una materialización que acredita una figura, *mínima* de denunciante, se hace correlativo con los dispositivos aplicables en el Código adjetivo en materia penal, es decir, los numerales, 109, 127, 128, 129, 131 fracción II, 211 fracción I inciso a), 212, 213, 215, 216, 221, 222, 223, 224, 225, 259, 260, 261, 262 de dicho ordenamiento.

Para mayor ahondamiento en la analogía que existe entre órgano de fiscalización local y el federal, nos ceñiremos a la consideración lo señalado en el artículo 79 y 116 de la Constitución Federal que a letra indican:

*"**Artículo 79.** La Auditoría Superior de la Federación de la Cámara de Diputados, tendrá autonomía técnica y de gestión en*

el ejercicio de sus atribuciones y para decidir sobre su organización interna, funcionamiento y resoluciones, en los términos que disponga la ley.

La función de fiscalización será ejercida conforme a los principios de legalidad, definitividad, imparcialidad y confiabilidad.

La Auditoría Superior de la Federación podrá iniciar el proceso de fiscalización a partir del primer día hábil del ejercicio fiscal siguiente, sin perjuicio de que las observaciones o recomendaciones que, en su caso realice, deberán referirse a la información definitiva presentada en la Cuenta Pública.

Asimismo, por lo que corresponde a los trabajos de planeación de las auditorías, la Auditoría Superior de la Federación podrá solicitar información del ejercicio en curso, respecto de procesos concluidos.

La Auditoría Superior de la Federación tendrá a su cargo:

I. Fiscalizar en forma posterior los ingresos, egresos y deuda; las garantías que, en su caso, otorgue el Gobierno Federal respecto a empréstitos de los Estados y Municipios; el manejo, la custodia y la aplicación de fondos y recursos de los Poderes de la Unión y de los entes públicos federales, así como realizar auditorías sobre el desempeño en el cumplimiento de los objetivos contenidos en los programas federales, a través de los informes que se rendirán en los términos que disponga la Ley.

También fiscalizará directamente los recursos federales que administren o ejerzan las entidades federativas, los municipios y las demarcaciones territoriales de la Ciudad de México. En los términos que establezca la ley fiscalizará, ***en coordinación con las entidades locales de fiscalización o de manera directa,*** *las participaciones federales. En el caso de los Estados y los Municipios cuyos empréstitos cuenten con la garantía de la Federación, fiscalizará el destino y ejercicio de los recursos correspondientes que hayan realizado los gobiernos locales. Asimismo, fiscalizará los recursos federales que se destinen y se ejerzan por cualquier entidad, persona física o moral, pública o privada, y los transferidos a fideicomisos, fondos y man-*

datos, públicos o privados, o cualquier otra figura jurídica, de conformidad con los procedimientos establecidos en las leyes y sin perjuicio de la competencia de otras autoridades y de los derechos de los usuarios del sistema financiero.

..."

*"**Artículo 116.** El poder público de los estados se dividirá, para su ejercicio, en Ejecutivo, Legislativo y Judicial, y no podrán reunirse dos o más de estos poderes en una sola persona o corporación, ni depositarse el legislativo en un solo individuo.*

Los poderes de los Estados se organizarán conforme a la Constitución de cada uno de ellos, con sujeción a las siguientes normas:

...

*Las legislaturas de los estados contarán con **entidades estatales de fiscalización, las cuales serán órganos con autonomía técnica y de gestión en el ejercicio de sus atribuciones y para decidir sobre su organización interna, funcionamiento y resoluciones, en los términos que dispongan sus leyes.** La función de fiscalización se desarrollará conforme a los principios de legalidad, imparcialidad y confiabilidad. Asimismo, deberán fiscalizar las acciones de Estados y Municipios en materia de fondos, recursos locales y deuda pública. Los informes de auditoría de las entidades estatales de fiscalización tendrán carácter público.*

El titular de la entidad de fiscalización de las entidades federativas será electo por las dos terceras partes de los miembros presentes en las legislaturas locales, por periodos no menores a siete años y deberá contar con experiencia de cinco años en materia de control, auditoría financiera y de responsabilidades.

La cuenta pública del año anterior deberá ser enviada a la Legislatura del Estado, a más tardar el 30 de abril. Sólo se podrá ampliar el plazo de presentación cuando medie solicitud del Gobernador, suficientemente justificada a juicio de la Legislatura.

..."

Lo que es equiparable a que tanto la Auditoría Superior de la Federación como los entes fiscalizadores estatales, se encuentran en una función y figura jurídica publica semejante por compartir naturaleza. Dicha homologación se colma con la reforma a la Constitución yucateca, que establece la facultad constitucional a nivel estatal del Órgano Fiscalizador Estatal para denunciar, entre otras idénticas, especificadas de modo más preciso en el artículo 43 BIS de la Constitución Yucateca ya antes citado en su totalidad.

Por lo tanto, tal y como puede apreciarse prácticamente desde una interpretación que no conlleve más que la literalidad de los dispositivos legales que: (1) regulan la facultad expresa del Auditor de formular denuncias, (2) que facultan a la Auditoría a comparecer, en un sentido expreso, ante la Fiscalía Especializada a efectos de presentar noticia criminal y (3) a que de modo aún más definitivo, existe un espíritu de coordinación propiciado por la regulación en materia de combate a la corrupción, el mínimo de *denunciante* en favor del órgano de fiscalización está sustentado con robustez.

3.3. ¿VÍCTIMA U OFENDIDO?

Ya entendidos acerca del mínimo de denunciante que a nuestro juicio agota la figura del Órgano de fiscalización federal, y en el caso de estudio para esta obra, el de la Auditoría Superior del Estado de Yucatán, podemos ahora desarrollar la respuesta a la interrogativa que implicaría escalar de mero *denunciante* para ahora tener claridad sobre si estos organismos incluso podrían alienarse e alguna manera a ser ¿víctimas?, ¿ofendidos?

Como prolegómeno a nuestro parecer legítimo, cabe resaltar que a esta figura se le dotó de mucha mayor relevancia en el sistema penal acusatorio en un sentido, podemos decir *novedoso,* inclusive materializándola como una *parte procesal* en horizontalidad con la representación social, el imputado y su defensa.

> *"(...) 4. La posición de la víctima a partir de la reforma procesal penal en México (...)*

Una de las principales consecuencias de la reforma constitucional de junio de 2008 en México es la implementación del Sistema penal acusatorio, el cual responde al corte garantista del Estado de Derechos que se erige sobre el respeto de los Derechos Humanos. Sin embargo, la praxis del procedimiento penal acusatorio no ha sido nada fácil y ha estado envuelto en una serie opiniones encontradas que han llegado a establecer el anhelo del regreso al viejo paradigma del sistema penal mixto que regía anteriormente.

Sin embargo, las críticas y anhelos en ese tenor resultan carentes de fundamento y llenos de olvido, puesto que además de la secrecía, la escritura, la corrupción y la impunidad existentes, se presentaba una neutralización de la víctima, lo que significaba prácticamente su exclusión del procedimiento penal, otorgándolo un papel de coadyuvante, que tampoco servía de mucho y sí se reflejaba en una violación de sus derechos y la ausencia de la reparación del daño.

Ahora bien, las nuevas consideraciones en torno a la víctima no son nuevas en México, puesto que el impulso dado por la Victimología se visualizó en el año 2000 con la reforma publicada el 21 de septiembre en el Diario Oficial de la Federación en la que se organiza el contenido del artículo 20 constitucional en dos apartados el A) relativo a los derechos del inculpado y, el B) referente a los derechos de la víctima.

Con ello, se llega a hablar del derecho victimal, el cual se puede definir como un conjunto de normas jurídicas que regulan los mecanismos de difusión, concreción y protección de los derechos de las víctimas, la atención de aquellas y los medios para lograr la reparación integral del daño. De esta manera, los derechos de la víctima se alejan de una simple declaración de buena voluntad y se colocan en la línea de protección del ordenamiento jurídico.

Pero cuál es el papel de la víctima en el sistema penal acusatorio, para visualizarlo, se debe partir de los ordenamientos jurídicos nacionales al respecto:

a)Fundamento constitucional: se encuentra en el apartado C) del artículo 20 constitucional, el cual establece los derechos de la víctima u ofendido, dentro de los que se encuentran: recibir asesoría jurídica, coadyuvar al Ministerio Público, recibir atención médica y psicológica de urgencia, la reparación del daño, resguardo de la identidad (en el caso de los menores de edad o cuando se trate de delitos de violación, trata de personas, secuestro o delincuencia organizada), la aplicación de medidas cautelares y providencias para la protección y restitución de sus derechos; impugnar ante autoridad judicial las omisiones del Ministerio público, así como las resoluciones de reserva, no ejercicio, desistimiento de la acción penal o suspensión del procedimiento cuando no esté satisfecha la reparación del daño. Por otra parte se encuentra el artículo 21 constitucional que en su segundo párrafo establece la posibilidad de la acción penal particular ante las autoridades judiciales.

b) Código Nacional de Procedimientos Penales, comenzando por el artículo 2 que determina dentro de los objetivos del procedimiento penal-retomado lo establecido en la fracción I del apartado A) del artículo 20 constitucional-: la reparación del daño. También establece el capítulo II (artículo del 108 al 111) relativo a la víctima u ofendido; en este hace una diferencia entre la víctima, que es el sujeto pasivo del delito-que es la persona que sufre directamente las consecuencias de la conducta delictiva-, y el ofendido, que es la persona física o moral titular del bien jurídico afectado. Por otra parte establece un catálogo de derechos de la víctima dentro de los cuales se observa el derecho de acceso a la justicia pronta, gratuita e imparcial y la prestación de servicios que constitucionalmente tienen encomendados con legalidad, honradez, lealtad, imparcialidad, profesionalismo, eficiencia y eficacia y con la debida diligencia, el trato con respeto y dignidad, el derecho a un asesor jurídico, prohibición de un trato discriminatorio, asistencia de un intérprete, a que se le reciban todos los datos yo elementos de prueba con los que cuente, a intervenir en todo el procedimiento penal, a que le sean restituidos sus derechos, cuando estén acreditados, a que se le garantice la reparación del daño, entre otros.

c) Ley nacional de mecanismos alternativos de solución de controversias en materia penal: en la que la participación de la víctima es esencial y que tiene por objetivo establecer los principios, bases, requisitos y condiciones de los mecanismos alternativos de solución de controversias en materia penal que conduzcan a las Soluciones Alternas previstas en la legislación procedimental penal aplicable. Es para la víctima el acceso a la justicia restaurativa.

d) Ley General de Víctimas: la cual tiene como objetivo la protección de los derechos de las víctimas del delito y de violaciones de derechos humanos. Clasifica los derechos de las víctimas en: generales; de ayuda, asistencia y atención; de acceso a la justicia, derechos en el proceso penal y, el derecho a la verdad. Establece medidas de reparación integral y establece el Sistema Nacional de atención a las víctimas.
(...)"[7]

Prima facie recorreremos aquello que las figuras conceptuales de *víctima* u *ofendido* delimitan según sus elementos contenidos en la legislación, un tanto en concordancia con el artículo en cita.

La *carta magna* no delimita esta figura desde una definición, pero en el apartado C del artículo 20, se señalan los derechos que le asisten a la víctima u ofendido en el sentido siguiente:

"(...)
Artículo 20. El proceso penal será acusatorio y oral. Se regirá por los principios de publicidad, contradicción, concentración, continuidad e inmediación.
(...)

C. De los derechos de la víctima o del ofendido:

I. Recibir asesoría jurídica; ser informado de los derechos que en su favor establece la Constitución y, cuando lo solicite, ser informado del desarrollo del procedimiento penal;

---

7 Santacruz Fernández, Roberto, & Santacruz Morales, David. (2018). El nuevo rol de la víctima en el sistema penal acusatorio en México. Revista de Derecho (Universidad Católica Dámaso A. Larrañaga, Facultad de Derecho), (17), 85-112. https://doi.org/10.22235/rd.v0i17.1572

II. Coadyuvar con el Ministerio Público; a que se le reciban todos los datos o elementos de prueba con los que cuente, tanto en la investigación como en el proceso, a que se desahoguen las diligencias correspondientes, y a intervenir en el juicio e interponer los recursos en los términos que prevea la ley.

Cuando el Ministerio Público considere que no es necesario el desahogo de la diligencia, deberá fundar y motivar su negativa;

III. Recibir, desde la comisión del delito, atención médica y psicológica de urgencia;

IV. Que se le repare el daño. En los casos en que sea procedente, el Ministerio Público estará obligado a solicitar la reparación del daño, sin menoscabo de que la víctima u ofendido lo pueda solicitar directamente, y el juzgador no podrá absolver al sentenciado de dicha reparación si ha emitido una sentencia condenatoria.

La ley fijará procedimientos ágiles para ejecutar las sentencias en materia de reparación del daño;

V. Al resguardo de su identidad y otros datos personales en los siguientes casos: cuando sean menores de edad; cuando se trate de delitos de violación, trata de personas, secuestro o delincuencia organizada; y cuando a juicio del juzgador sea necesario para su protección, salvaguardando en todo caso los derechos de la defensa.

El Ministerio Público deberá garantizar la protección de víctimas, ofendidos, testigos y en general todas los sujetos que intervengan en el proceso. Los jueces deberán vigilar el buen cumplimiento de esta obligación;

VI. Solicitar las medidas cautelares y providencias necesarias para la protección y restitución de sus derechos, y

VII. Impugnar ante autoridad judicial las omisiones del Ministerio Público en la investigación de los delitos, así como las resoluciones de reserva, no ejercicio, desistimiento de la acción

penal o suspensión del procedimiento cuando no esté satisfecha la reparación del daño.
(...)"

En un proceder lógico, corresponde ahora analizar la legislación secundaria acerca de esta figura, que en concordancia con la obra en cita en la apertura de este parágrafo son: Código Nacional de Procedimientos Penales, Ley nacional de mecanismos alternativos de solución de controversias en materia penal y la Ley General de Víctimas, comenzando con la última mencionada, que sí nos define el concepto toral abarcado en este capítulo, incluso con gradualidad y esquematización clasificable, del modo siguiente:

"(...)
Artículo 4. Se denominarán víctimas directas aquellas personas físicas que hayan sufrido algún daño o menoscabo económico, físico, mental, emocional, o en general cualquiera puesta en peligro o lesión a sus bienes jurídicos o derechos como consecuencia de la comisión de un delito o violaciones a sus derechos humanos reconocidos en la Constitución y en los Tratados Internacionales de los que el Estado Mexicano sea Parte.

Son víctimas indirectas los familiares o aquellas personas físicas a cargo de la víctima directa que tengan una relación inmediata con ella.

Son víctimas potenciales las personas físicas cuya integridad física o derechos peligren por prestar asistencia a la víctima ya sea por impedir o detener la violación de derechos o la comisión de un delito.

La calidad de víctimas se adquiere con la acreditación del daño o menoscabo de los derechos en los términos establecidos en la presente Ley, con independencia de que se identifique, aprehenda, o condene al responsable del daño o de que la víctima participe en algún procedimiento judicial o administrativo.

Son víctimas los grupos, comunidades u organizaciones sociales que hubieran sido afectadas en sus derechos, intereses o

> *bienes jurídicos colectivos como resultado de la comisión de un delito o la violación de derechos.*
> *(...)"*

Así como los establecidos en las fracciones XIX y XX del artículo 6 del mismo ordenamiento:

> *"(...) Artículo 6. Para los efectos de esta Ley, se entenderá por:*
>
> *XIX. Víctima: Persona física que directa o indirectamente ha sufrido daño o el menoscabo de sus derechos producto de una violación de derechos humanos o de la comisión de un delito;*
>
> *XX. Víctima potencial: Las personas físicas cuya integridad física o derechos peligren por prestar asistencia a la víctima ya sea por impedir o detener la violación de derechos o la comisión de un delito, y (...)"*

De esta manera, los órganos de fiscalización en los relativo la probable comisión de delitos en materia de corrupción son ¿víctimas en cualquiera de estas gradualidades o definiciones?

En el caso de la *víctima directa*, podemos estar claros en que existiría un único supuesto en el que se pueda acudir a la literalidad del concepto que resultaría de hechos o conductas llevadas a cabo por algún servidor o funcionario público que forme parte de los susodichos órganos de fiscalización, y que, derivado de estos hechos o conductas, haya lesionado o puesto en peligro el patrimonio del propio órgano de fiscalización. De otra manera, creemos que no sería dable agotar una figura de víctima directa, *ergo* no se subsume este concepto de víctima como parte de sus funciones de auditor y fiscalizador de patrimonio de entes diversos a sí mismo, ya que como es obvio, son los segundos los que sí podríamos encuadrar precisamente como *víctimas directas.*

Enseguida, atendiendo a la literalidad de la clasificación de *víctima indirecta* ya la redacción nos plantea un *a priori* difícil de sortear por restringir la redacción a *personas físicas* y ya entrando a la relación existente entre entes auditores y entes auditados, es difícilmente equiparable una relación de esta clase a la de *"familiares o aquellas personas físicas a cargo de la víctima directa que tengan una relación inmediata con ella"*.

Atendemos ahora lo regulado en el Código Adjetivo en la materia, que sin tratar directamente el concepto de víctima, sí codifican conceptual y procesalmente derechos que le asisten, entre estos numerales que apreciamos como relevantes para este estudio se encuentran el 2, 3 fracción I, 4 y 17 que señalan:

"(…)
Artículo 2o. Objeto del Código

Este Código tiene por objeto establecer las normas que han de observarse en la investigación, el procesamiento y la sanción de los delitos, para esclarecer los hechos, proteger al inocente, procurar que el culpable no quede impune y que se repare el daño, y así contribuir a asegurar el acceso a la justicia en la aplicación del derecho y resolver el conflicto que surja con motivo de la comisión del delito, en un marco de respeto a los derechos humanos reconocidos en la Constitución y en los Tratados Internacionales de los que el Estado mexicano sea parte.

Artículo 3o. Glosario

Para los efectos de este Código, según corresponda, se entenderá por:

I. Asesor jurídico: Los asesores jurídicos de las víctimas, federales y de las Entidades federativas;
(…)

Artículo 4o. Características y principios rectores

El proceso penal será acusatorio y oral, en él se observarán los principios de publicidad, contradicción, concentración, continuidad e inmediación y aquellos previstos en la Constitución, Tratados y demás leyes.

> *Este Código y la legislación aplicable establecerán las excepciones a los principios antes señalados, de conformidad con lo previsto en la Constitución. En todo momento, las autoridades deberán respetar y proteger tanto la dignidad de la víctima como la dignidad del imputado.*
> *(...)*
>
> *Artículo 17. Derecho a una defensa y asesoría jurídica adecuada e inmediata*
>
> *La defensa es un derecho fundamental e irrenunciable que asiste a todo imputado, no obstante, deberá ejercerlo siempre con la asistencia de su Defensor o a través de éste. El Defensor deberá ser licenciado en derecho o abogado titulado, con cédula profesional.*
>
> *Se entenderá por una defensa técnica, la que debe realizar el Defensor particular que el imputado elija libremente o el Defensor público que le corresponda, para que le asista desde su detención y a lo largo de todo el procedimiento, sin perjuicio de los actos de defensa material que el propio imputado pueda llevar a cabo.*
>
> *La víctima u ofendido tendrá derecho a contar con un Asesor jurídico gratuito en cualquier etapa del procedimiento, en los términos de la legislación aplicable.*
>
> *Corresponde al Órgano jurisdiccional velar sin preferencias ni desigualdades por la defensa adecuada y técnica del imputado.*
> *(...)"*

Los conceptos a destacar al respecto de lo que el código adjetivo establece como parte de derechos de la víctima y que estimamos útiles para nuestro planteamiento acerca de las funciones de los órganos de fiscalización, están en (1) la figura de asesor jurídico y (2) el carácter técnico que este debe de ostentar en su función. En esa línea y como parte de nuestro planteamiento, en cuanto a (1), la figura de asesor en el caso de entes fiscalizados (fiscalizados por parte de las auditorías), que máxime puede darse en carpetas de investigación y causas penales iniciadas, como se vio en el capítulo anterior, por los mismos fiscalizadores, nos parece de mucho mayor trascendencia y alcance a la de un apersonamiento a las instancias penales de una persona que *represente* los intereses de dicho ente fiscalizado como y en los términos de *víctima directa*, sino que tal y como señala (2) se requiere de un carácter *técnico* que, efectivamente, puede ser reductible desde la literalidad del Código adjetivo que aquí se está procurando interpretar, a un aspecto puramente *técnico-jurídico*, es decir, a mera especialización en derecho *per se;* a esto oponemos el siguiente esquema de razonamiento

(1) Que las instancias penales que pueden aperturarse, y como ya se ha estudiado, pueden tener su origen, por una acción de auditoría sin intervención directa de los entes públicos susceptibles de fiscalización ante la representación social en materia de hechos de corrupción, aunque claro está, estemos ante la lesión de un bien jurídico cuyo titular es el ente público que es susceptible de fiscalización; sin pasar por alto y en congruencia con lo que ya se desarrolló, se lesiona también el bien jurídico, generalizable, o bien, del que sería titular el mismo Estado Mexicano en sentido abstracto, del correcto desempeño del servicio público.

(2) A que el vocablo relativo a la tecnicidad requerida para el asesor victimal no puede ser agotada en la capacidad únicamente en materia de derecho, puesto que, tal y como se señaló en (1), las instancias iniciadas desde acciones de auditoría guardan un vínculo irrestricto con la labor técnica, pero técnica desde la vertiente del órgano de fiscalización, y no únicamente desde una categoría de perito en derecho.

(3)Ergo acudiendo a la esencia de las dos premisas, es decir, que una instancia penal que es iniciada por un or-

ganismo que por su misma naturaleza es técnico y que en su caso, la interposición de noticia criminal deriva de sus labores también técnicas, compaginado esto con el imperativo de tecnicidad que debe revestir una asesoría victimal, surge por lo tanto una necesidad de superar la interpretación literal que no ponga de relieve que lo técnico no puede restringirse a la mera pericia en derecho, sin incluir todas aquellas implicadas a la especialización que un órgano de fiscalización abarca como parte de sus funciones y que impregnan las denuncias que interpone.

En síntesis y como corolario de este parágrafo, los órganos de fiscalización no agotan la figura de víctima u ofendido por no ver lesionados directamente bienes jurídicos de los que es titular, sin ser óbice esto y por lo argumentado, a que le asista y como seguiremos desarrollando, una *calidad especial de parte* cuando es el origen de los procesos penales por las *noticias criminales* que en ejercicio de sus *funciones técnicas* interpuso.

3.4. ALGUNOS PRINCIPIOS DEL SNA COMO ARGUMENTOS PARA LA CALIDAD PROCESAL DE LOS ÓRGANOS DE FISCALIZACIÓN EN LAS INSTANCIAS QUE APERTURAN EN MATERIA PENAL.

Entre los principios y objetivos más destacables que fundó el SNA se encuentra la coordinación entre distintas instancias, que podemos decir, están dispersadas a lo largo de todas las formas de organización administrativa, niveles de gobierno y poderes de la unión, lo anterior con el objeto de combatir la corrupción. Si bien el basamento constitucional ya fue expuesto, nos ceñimos ahora en la legislación secundaria, cuyo instrumento fundamental es la Ley General del Sistema Nacional Anticorrupción. Esta ley, en sus artículos 2 y 6 nos enlista sus objetivos:

(...)Artículo 2. Son objetivos de esta Ley:

I. Establecer mecanismos de coordinación entre los diversos órganos de combate a la corrupción en la Federación, las entidades federativas, los municipios y las alcaldías de la Ciudad de México;

II. Establecer las bases mínimas para la prevención de hechos de corrupción y faltas administrativas;

III. Establecer las bases para la emisión de políticas públicas integrales en el combate a la corrupción, así como en la fiscalización y control de los recursos públicos;

IV. Establecer las directrices básicas que definan la coordinación de las autoridades competentes para la generación de políticas públicas en materia de prevención, detección, control, sanción, disuasión y combate a la corrupción;

V. Regular la organización y funcionamiento del Sistema Nacional, su Comité Coordinador y su Secretaría Ejecutiva, así como establecer las bases de coordinación entre sus integrantes;

VI. Establecer las bases, principios y procedimientos para la organización y funcionamiento del Comité de Participación Ciudadana;

VII. Establecer las bases y políticas para la promoción, fomento y difusión de la cultura de integridad en el servicio público, así como de la rendición de cuentas, de la transparencia, de la fiscalización y del control de los recursos públicos;

VIII. Establecer las acciones permanentes que aseguren la integridad y el comportamiento ético de los Servidores públicos, así como crear las bases mínimas para que todo órgano del Estado mexicano establezca políticas eficaces de ética pública y responsabilidad en el servicio público;

IX. Establecer las bases del Sistema Nacional de Fiscalización, y

X. Establecer las bases mínimas para crear e implementar sistemas electrónicos para el suministro, intercambio, sistematiza-

ción y actualización de la información que generen las instituciones competentes de los órdenes de gobierno.
(...)

Artículo 6. El Sistema Nacional tiene por objeto establecer principios, bases generales, políticas públicas y procedimientos para la ***coordinación entre las autoridades de todos los órdenes de gobierno en la prevención, detección y sanción de faltas administrativas y hechos de corrupción, así como en la fiscalización y control de recursos públicos****. Es una instancia cuya finalidad es establecer, articular y evaluar la política en la materia.*

Las políticas públicas que establezca el Comité Coordinador del Sistema Nacional deberán ser implementadas por todos los Entes públicos.
(...)".

La legislación secundaria hace hincapié especial en la coordinación entre autoridades y lo hace abarcable a conceptos que involucran tanto a las Fiscalías Especializadas como a los órganos de fiscalización, ya que en su texto se puede leer que sus objetivos transitan a través de *hechos de corrupción* y la *fiscalización y control de recursos públicos.* Ya como parte únicamente de estos dos numerales, se comienza a divisar una coordinación tanto necesaria como *natural* entre, por un lado, las representaciones sociales en materia de hechos de corrupción, para con los órganos de fiscalización.

Podemos acudir seguidamente a reforzar este razonamiento a lo que las leyes de fiscalización nos señalan al respecto:

La Ley de Fiscalización y Rendición de Cuentas de la Federación, en su artículo 67 establece:

"(...) Artículo 67.- Si de la fiscalización que realice la Auditoría Superior de la Federación se detectaran irregularidades que permitan presumir la existencia de responsabilidades a cargo de servidores públicos o particulares, la Auditoría Superior de la Federación procederá a:
(...)

III. Presentar las denuncias y querellas penales, que correspondan ante la Fiscalía Especializada, por los probables delitos que se detecten derivado de sus auditorías;

IV. Coadyuvar con la Fiscalía Especializada en los procesos penales correspondientes, tanto en la etapa de investigación, como en la judicial. En estos casos, la Fiscalía Especializada recabará previamente la opinión de la Auditoría Superior de la Federación, respecto de las resoluciones que dicte sobre el no ejercicio o el desistimiento de la acción penal.

Previamente a que la Fiscalía Especializada determine declinar su competencia, abstenerse de investigar los hechos denunciados, archivar temporalmente las investigaciones o decretar el no ejercicio de la acción penal, deberá hacerlo del conocimiento de la Auditoría Superior de la Federación para que exponga las consideraciones que estime convenientes.

La Auditoría Superior de la Federación podrá impugnar ante la autoridad competente las omisiones de la Fiscalía Especializada en la investigación de los delitos, así como las resoluciones que emita en materia de declinación de competencia, reserva, no ejercicio o desistimiento de la acción penal, o suspensión del procedimiento, y
(…)

Las denuncias penales de hechos presuntamente ilícitos y las denuncias de juicio político, deberán presentarse por parte de la Auditoría Superior de la Federación cuando se cuente con los elementos que establezcan las leyes en dichas materias.
(…)".

En un sentido muy similar, se encuentran redactados estos mismos conceptos de coadyuvancia y coordinación entre fiscalía y órgano de fiscalización, en la Ley de Fiscalización de la Cuenta Pública del Estado de Yucatán, que su dispositivo 115 regula:

"(…) Artículo 115. Determinación de daños a la hacienda del estado

Si de la fiscalización de las cuentas públicas aparecieran irregularidades que permitan presumir la existencia de hechos o conductas que produzcan un daño o perjuicio a la Hacienda Pública del estado o sus municipios, la auditoría superior procederá a: (...)

III. Presentar las denuncias y querellas penales correspondientes ante la vicefiscalía especializada, por posibles delitos que detecte durante sus auditorías o investigaciones.

IV. Coadyuvar con la vicefiscalía especializada en los procesos penales correspondientes, tanto en la etapa de investigación, como en la judicial. En estos casos, la vicefiscalía especializada recabará previamente la opinión de la auditoría superior, respecto de las resoluciones que dicte sobre el no ejercicio o el desistimiento de la acción penal.

Previamente a que la vicefiscalía especializada determine declinar su competencia, abstenerse de investigar los hechos denunciados, archivar temporalmente las investigaciones o decretar el no ejercicio de la acción penal, deberá hacerlo del conocimiento de la auditoría superior para que exponga las consideraciones que estime convenientes.

La auditoría superior podrá impugnar ante la autoridad competente las omisiones de la vicefiscalía especializada en la investigación de los delitos, así como las resoluciones que emita en materia de declinación de competencia, reserva, no ejercicio o desistimiento de la acción penal, o suspensión del procedimiento. (...)

Las denuncias penales de hechos presuntamente ilícitos y las denuncias de juicio político, deberán presentarse por parte de la auditoría superior cuando se cuente con los elementos que establezcan las leyes en dichas materias.

Las resoluciones del tribunal podrán ser recurridas por la auditoría superior, cuando lo considere pertinente, en términos de la legislación aplicable. (...)"

Como interpretación de esta redacción se establecen atribuciones expresas que le dan aún más coherencia y solidez a la figura de denunciante que ya fue argumentada, sin embargo, estamos ante una proyección que rebosa esa figura, que se encuentra en (1) la coadyuvancia entre la figura de la representación social y las Auditorías que al tenor literal se regula y (2) que incluso le otorga la facultad a las segundas de impugnar ante autoridad competente aquellas determinaciones relativas a *materia de declinación de competencia, reserva, no ejercicio o desistimiento de la acción penal, o suspensión del procedimiento* emitidas por el Ministerio Público, y a su vez, legisla un imperativo extendido a las fiscalías, de consulta a las Auditorías en asuntos sobre los mismos temas; esto nos obliga a detenernos un momento en (2) toda vez que; a simple vista advertimos un elemento que es, incluso tomado aisladamente, superador de la figura de *denunciante* puesto que cualquier sujeto que no vaya más allá de dador de noticia criminal, no tendría ni por asomo una facultad y/o lugar como el expuesto en (2).

Se colige entonces una figura que es expresamente superadora de la de *denunciante* de acuerdo a lo redactado por las disposiciones en materia de auditoría y fiscalización, en sistematización con los principios de coordinación del SNA en materia de combate a la corrupción, y que pueden ser integrados a su vez, desde la especialización técnica requerida, con los derechos de las *víctima directas* que son los entes fiscalizados, para de esta manera permitirnos esbozar nuestras conclusiones acerca del lugar que les corresponde a las auditorías en el proceso penal.

3.5 LA *CALIDAD ESPECIAL* DE LOS ÓRGANOS DE FISCALIZACIÓN QUE LOS LEGITIMAN COMO PARTES PROCESALES EN MATERIA PENAL.

Coadyuvancia con las fiscalías especializadas en combate a la corrupción en los términos de las Leyes de Fiscalización, atribuciones de *parte procesal* en la etapa de investigación de acuerdo a las mismas leyes, coordinación en los términos del SNA, especialización técnica en la asesoría jurídica a las víctimas de acuerdo a las Leyes en la materia, conjuntan un *corpus* de legislación secundaria que para nosotros son ejes de sistematización para concluir sin titubear que los órganos de fiscalización revisten de una calidad especial en materia penal, que sin ser víctimas ni ofendidos, superan el nivel de *dador de noticia criminal, objetor* de determinaciones del Ministerio Publico en sede judicial por disposiciones aisladas en etapa de investigación, para ostentar una *calidad especial* que les permite un acceso a todas las garantías y derechos de parte que en la carta magna y en las leyes secundarias se le otorgan a una parte en el proceso penal en sus distintas etapas.

Bajo esta argumentación la ASEY sentó el siguiente precedente judicial en segunda instancia, emitido por el Tribunal Superior de Justicia del Estado:

> *PA.2SA.I.2.021.Penal*
>
> *AUDITORÍA SUPERIOR DEL ESTADO. LA PERSONA QUE FUNGE COMO SU TITULAR Y REPRESENTANTE LEGAL ESTÁ FACULTADA PARA PARTICIPAR EN LAS AUDIENCIAS DE LOS PROCESOS PENALES EN LOS CUALES PRESENTÓ DENUNCIA.*
>
> *La Auditoría Superior del Estado como órgano encargado de salvaguardar la Hacienda Pública estatal, con independencia de cuál sea el ente fiscalizado al que materialmente pertenezcan los recursos, está facultada para participar, a través de su titular y representante legal, en los procesos en los cuales presentó denuncia por posibles delitos detectados, así como para coadyuvar con el Ministerio Público, tanto en sede ministerial*

como judicial, en términos del artículo 115 de la Ley de Fiscalización de la Cuenta Pública del Estado de Yucatán. En esa virtud, la persona que funge como titular y representante legal de la Auditoria Superior del Estado está facultada para participar en las audiencias, por lo que, si aquella no es citada a la audiencia inicial, dicha omisión se traduce en una violación al derecho de acceso a la justicia, contemplado en el artículo 17 de la Constitución Política de los Estados Unidos Mexicanos.[8]

Esto se verifica incluso por un criterio jurisprudencial pretérito del pleno de circuito del primer circuito que aquí se cita de modo sintético, pero que será uno de nuestros *corpus argumentales* fundamentales para justificar la figura de quejoso en materia de juicio de amparo:

> *"Registro digital: 2010163*
> *Instancia: Plenos de Circuito*
> *Décima Época*
> *Materias(s): Común, Penal*
> *Tesis: PC.I.P. J/13 P (10a.)*
> *Fuente: Gaceta del Semanario Judicial de la Federación. Libro 23, Octubre de 2015, Tomo III, página 2318*
> *Tipo: Jurisprudencia*
> *AUDITORÍA SUPERIOR DE LA FEDERACIÓN. TIENE INTERÉS JURÍDICO PARA PROMOVER JUICIO DE AMPARO INDIRECTO CONTRA EL ACUERDO QUE AUTORIZA EN DEFINITIVA EL NO EJERCICIO DE LA ACCIÓN PENAL, CUANDO ACTÚA COMO DENUNCIANTE EN UNA AVERIGUACIÓN PREVIA CON MOTIVO DEL EJERCICIO DE SUS FACULTADES CONSTITUCIONALES DE FISCALIZACIÓN. (...)"*

Y reforzamos que incluso a partir de esta determinación, como dijimos, pretérita, se entendió la relevancia de los órganos de fiscalización, en el sentido de que la tesis escala incluso a un

---

8 Segunda Sala Colegiada del Sistema de Justicia Penal Acusatorio del Tribunal Superior de Justicia del Estado de Yucatán. Apelación. Toca: 14/2021. 10 de junio de 2021. Magistrado José Rubén Ruiz Ramírez. Unanimidad de votos.

nivel de *parte en control constitucional,* materia que será argumentada en el capítulo siguiente, y como consecuencia lógica, al ser *quejoso* en un esquema de acto reclamado en materia penal, la ASF superó en ese caso en particular, la figura de mero denunciante en la instancia de origen en la materia dicha.

En síntesis, un criterio que simplemente acuda a la ley adjetiva que regula el procedimiento penal y de modo inmediato advertir, que no se cumple la calidad de parte procesal bajo un sistema interpretativo literal y de aislamiento de premisas, pasando por alto que existe todo un entramado normativo de carácter constitucional que sostiene el carácter especial que este órgano de fiscalización detenta, por ser el depositario de la función fiscalizadora de los recursos públicos que se vincula estrechamente con el combate a la corrupción en su vertiente abarcable a la materia penal y por lo tanto, con el Sistema Estatal de Anticorrupción de Yucatán; debe a nuestro juicio, ser re estudiado a la luz de lo que aquí se ha pretendido esbozar.

4. Nuestra tesis fundamental: interés jurídico de los órganos de fiscalización y por lo tanto quejosos en materia de amparo.

Entramos finalmente a lo que puede ser considerado el pináculo de esta tesis propuesta: el juicio de amparo, conocido último frente de defensa ante la arbitrariedad, que aunque evidentemente diseñado primordialmente para el *gobernado* y no la autoridad, el propio legislador en el numeral 7[1] contempló el supuesto por medio del cual una autoridad alias persona moral pública, puede acudir a este mismo juicio de garantías para la defensa de sus intereses bajo los supuestos que a continuación estudiaremos y en los que serán incluidos aquellos criterios a nuestro juicio relevantes y aquellos en los que ASEY ha comparecido para hacer valer su legítimo interés jurídico y en consecuencia, su legítimo derecho a ser oída en sede de control constitucional.

---

[1] Artículo 7o. La Federación, los Estados, el Distrito Federal, los municipios o cualquier persona moral pública podrán solicitar amparo por conducto de los servidores públicos o representantes que señalen las disposiciones aplicables, cuando la norma general, un acto u omisión los afecten en su patrimonio respecto de relaciones jurídicas en las que se encuentren en un plano de igualdad con los particulares.
Las personas morales oficiales estarán exentas de prestar las garantías que en esta Ley se exige a las partes.

4.1. *CIMA* EN LA QUE LA ASEY HA PROCURADO QUE SE LE OTORGUE LA CALIDAD DE QUEJOSO EN MATERIA DE JUICIO DE AMPARO

La argumentación que aquí fue construida se dio como parte de un recurso de revisión en amparo directo que procuró combatir la sentencia que determinó el sobreseimiento del Juicio de amparo de dicha especie, emitida por el Tribunal Colegiado en Materias Penal y Administrativa del Decimocuarto Circuito, que de modo liso y llano, estableció que la ASEY carecía de legitimación para apersonarse en el Juicio de amparo en calidad de quejoso, por no agotar los elementos suficientes para acreditar el *interés jurídico* en dicha materia. *Prima facie* nos encontramos ante la problemática de subsumir el reducido supuesto de procedencia del recurso de revisión en el juicio de amparo de carácter directo, que fundamentalmente se regulan en los numerales 81 fracción II, 86 y 88 de la Ley de Amparo, reglamentaria de los artículos 103 y 107 de la constitución política de los estados unidos mexicanos:

> *"Artículo 86. El recurso de revisión se interpondrá en el plazo de diez días por conducto del órgano jurisdiccional que haya dictado la resolución recurrida.*
>
> *La interposición del recurso por conducto de órgano diferente al señalado en el párrafo anterior no interrumpirá el plazo de presentación.*
> *(...)*
>
> *Artículo 81. Procede el recurso de revisión:*
> *(...)*
>
> *II. En amparo directo, en contra de las sentencias que resuelvan sobre la constitucionalidad de normas generales que establezcan la interpretación directa de un precepto de la Constitución Política de los Estados Unidos Mexicanos u omitan decidir sobre tales cuestiones cuando hubieren sido planteadas, siempre que a juicio de la Suprema Corte de Justicia de la Nación el asunto revista un interés excepcional en materia constitucional*

> *o de derechos humanos. La materia del recurso se limitará a la decisión de las cuestiones propiamente constitucionales sin poder comprender otras. (...)"*

Resultó entonces relevante para la interposición del recurso de revisión en Juicio de amparo directo justificar primeramente la procedencia de este, por lo que se procuró en primer lugar, que el Tribunal partió de una interpretación de los artículos 16 y 20, apartados A y C de la Constitución Política de los Estados Unidos Mexicanos; en el sentido de que esta Auditoría son los que consideró violados por parte del acto reclamado:

> *(...) SEGUNDO.- DERECHOS FUNDAMENTALES INVOLUCRADOS: El ente quejoso señaló como derechos fundamentales infringidos en su contra, los establecidos en los artículos 16 y 20, apartados A y C de la Constitución Política de los Estados Unidos Mexicanos; y formuló los conceptos de violación que estimó pertinentes. (...)*

Enseguida, su deliberación abarcó una interpretación directa del artículo 43 – bis de la Constitución política del Estado de Yucatán, que es norma constitucional local, en cuanto a las facultades y atribuciones de la Auditoría Superior del Estado de Yucatán, que a su vez, como se expondrá, tienen una vinculación directa con la constitución federal.

En ese sentido, se procedió a una delimitación de hipótesis normativa contenida en la fracción II del artículo 81 invocado, siempre en función del 88 respecto de las argumentaciones del Tribunal, que a nuestro juicio son interpretaciones constitucionales, desde la cual y las cuales, estimamos la Suprema corte debe estimar entrar al estudio del caso:

(1) *"En amparo Directo"*, para efectos de la procedencia, resultaba manifiesta la vía del amparo directo intentada.

(2) *"En contra de las sentencias que resuelvan sobre la constitucionalidad de normas generales que establezcan la interpretación directa de un precepto de la Constitución Política de los Estados*

Unidos Mexicanos", en este sentido, debemos ponderar que el Tribunal Colegiado resolutor, hilvanó una serie de argumentos que se sistematizan de modo descendente desde la Constitución Política de los Estados Unidos Mexicanos, la carta magna del Estado de Yucatán, para de esta manera hacerlas recaer en el numeral 7 de la Ley de amparo, este último dispositivo el que señala los supuestos en los que se faculta a las personas morales oficiales/públicas, para fungir como quejosos en el juicio de amparo. En ese sentido, el Tribunal resolutor, parte de las atribuciones conferidas a la Auditoría Superior del Estado de Yucatán, en el artículo 43 Bis, párrafo quinto, fracciones I, quinto párrafo, *in fine*, y IV, de la Constitución Política del Estado de Yucatán, para proseguir argumentando que derivado de la labor fiscalizadora de esta Auditoría, en torno al manejo y aplicación de los fondos y recursos públicos municipales a cargo, en este caso, de un Ayuntamiento del Estado de Yucatán, se acudió ante la Fiscalía Especializada en Combate a la Corrupción de esta entidad y puso de su conocimiento la comisión de hechos que el código sustantivo local señala como delitos.

Ahora bien, el silogismo jurídico empleado por el tribunal resolutor tomó como punto de partida las premisas siguientes:

A: Que la Auditoría superior detenta las funciones establecidas en el artículo 43 bis de la Constitución Política del Estado de Yucatán, para resaltar que en este caso concreto, aplicó aquella especificada en el quinto párrafo, y las la fracciones I igualmente en su quinto párrafo y IV y que a continuación se transcriben tal y como fueron invocadas en la resolución combatida:

> *"**ARTÍCULO 43 Bis.**- La Auditoría Superior del Estado es un órgano con autonomía técnica, presupuestal y de gestión para el ejercicio de sus atribuciones, así como para decidir sobre su organización interna, funcionamiento y resoluciones en los términos que disponga la ley.*

(...);

La Auditoría Superior del Estado tendrá a su cargo:

I.- (...).

Sin perjuicio de lo previsto en el párrafo anterior, en las situaciones y términos que determine la ley, derivado de denuncias, la Auditoría Superior del Estado, previa autorización del titular podrá revisar durante el ejercicio fiscal en curso a las entidades fiscalizadas, así como respecto de ejercicios anteriores. Las entidades fiscalizadas proporcionarán la información que se solicite para la revisión, en los plazos y términos señalados por la ley y, en caso de incumplimiento, serán aplicables las sanciones que en esta se prevean. <u>La Auditoría Superior del Estado</u> rendirá un informe específico y detallado al Congreso y, en su caso, remitirá el expediente y <u>promoverá las acciones que correspondan ante</u> el Tribunal de Justicia Administrativa del Estado de Yucatán, <u>la Fiscalía Especializada en Combate a la Corrupción</u> o a las autoridades competentes.

II.- (...).

IV.- Promover y <u>denunciar, derivado de sus investigaciones, las responsabilidades</u> administrativas o <u>penales que sean procedentes ante</u> el Tribunal de Justicia Administrativa del Estado de Yucatán <u>y la Fiscalía Especializada en Combate a la Corrupción,</u> para la imposición de las sanciones que correspondan a los servidores públicos y a los particulares.
(...).”

Seguidamente, el Colegiado estableció que como parte de dichas atribuciones este órgano de fiscalización interpuso la denuncia correspondiente ante la Fiscalía Especializada en Combate a la Corrupción del Estado de Yucatán.

B: Que la denuncia interpuesta fue en salvaguarda del patrimonio del Municipio, como parte de la auditoría y fiscalización de sus recursos públicos y patrimonio, por tener esta auditoría, de acuerdo al criterio del Tribunal Colegiado, el carácter *de un órgano de vigilancia de los intereses patrimoniales estatales y municipales con capacidad para delatar –mediante la noticia criminosa respectiva- hechos que la ley señala como delitos y que, consecuentemente, no resiente una afectación a alguna de las facultades o derechos que se comprenden dentro de su patrimonio por haberse truncado el proceso penal.*

C: Como contraste de ambas premisas, el Colegiado concluye entonces con la falta de subsunción de hipótesis del artículo 7 de la Ley de Amparo, para de este modo establecer una supuesta **carencia de legitimación** en la calidad de persona moral oficial, por dos razones fundamentales: *I).- Porque tales afectaciones no se actualizan en una relación en la que la mencionada Auditoría Superior se encuentre en un plano de igualdad frente a los servidores públicos o particulares señalados como probables responsables en el proceso penal, y II).- Porque no existe una afectación patrimonial en su perjuicio, es decir, una vulneración a alguna de las facultades, competencias o derechos que se comprenden dentro de su patrimonio.*

En línea con lo anterior, el sustento constitucional de los órganos de fiscalización locales, en cuanto a su naturaleza jurídica, si bien, a nuestro juicio omitido por parte del colegiado, se asienta también en la carta magna mexicana, en el numeral 116 fracción II que antes ya se citó, pero para efectos de practicidad se hace nuevamente:

> *"Artículo 116. El poder público de los estados se dividirá, para su ejercicio, en Ejecutivo, Legislativo y Judicial, y no podrán reunirse dos o más de estos poderes en una sola persona o corporación, ni depositarse el legislativo en un solo individuo.*
>
> *Los poderes de los Estados se organizarán conforme a la Constitución de cada uno de ellos, con sujeción a las siguientes normas:*
> *(...)*
>
> *II (...)*
>
> *Las legislaturas de los estados contarán con entidades estatales de fiscalización, las cuales serán órganos con autonomía técni-*

ca y de gestión en el ejercicio de sus atribuciones y para decidir sobre su organización interna, funcionamiento y resoluciones, en los términos que dispongan sus leyes. La función de fiscalización se desarrollará conforme a los principios de legalidad, imparcialidad y confiabilidad. Asimismo, deberán fiscalizar las acciones de Estados y Municipios en materia de fondos, recursos locales y deuda pública. Los informes de auditoría de las entidades estatales de fiscalización tendrán carácter público.

El titular de la entidad de fiscalización de las entidades federativas será electo por las dos terceras partes de los miembros presentes en las legislaturas locales, por periodos no menores a siete años y deberá contar con experiencia de cinco años en materia de control, auditoría financiera y de responsabilidades.

La cuenta pública del año anterior deberá ser enviada a la Legislatura del Estado, a más tardar el 30 de abril. Sólo se podrá ampliar el plazo de presentación cuando medie solicitud del Gobernador, suficientemente justificada a juicio de la Legislatura."

Lo que también debe ser contrastado con el numeral 79 de la misma Constitución Mexicana, igual antes citado pero añadido nuevamente con el mismo objetivo que se enunció, cuando señala la naturaleza de la Auditoría Superior de la Federación que resulta análogo de los locales, cuando señala:

"Artículo 79. La Auditoría Superior de la Federación de la Cámara de Diputados, tendrá autonomía técnica y de gestión en el ejercicio de sus atribuciones y para decidir sobre su organización interna, funcionamiento y resoluciones, en los términos que disponga la ley.

La función de fiscalización será ejercida conforme a los principios de legalidad, definitividad, imparcialidad y confiabilidad.

La Auditoría Superior de la Federación podrá iniciar el proceso de fiscalización a partir del primer día hábil del ejercicio fiscal siguiente, sin perjuicio de que las observaciones o recomendaciones que, en su caso realice, deberán referirse a la información definitiva presentada en la Cuenta Pública.

Asimismo, por lo que corresponde a los trabajos de planeación de las auditorías, la Auditoría Superior de la Federación podrá solicitar información del ejercicio en curso, respecto de procesos concluidos.

La Auditoría Superior de la Federación tendrá a su cargo:

I. Fiscalizar en forma posterior los ingresos, egresos y deuda; las garantías que, en su caso, otorgue el Gobierno Federal respecto a empréstitos de los Estados y Municipios; el manejo, la custodia y la aplicación de fondos y recursos de los Poderes de la Unión y de los entes públicos federales, así como realizar auditorías sobre el desempeño en el cumplimiento de los objetivos contenidos en los programas federales, a través de los informes que se rendirán en los términos que disponga la Ley.

También fiscalizará directamente los recursos federales que administren o ejerzan las entidades federativas, los municipios y las demarcaciones territoriales de la Ciudad de México. En los términos que establezca la ley fiscalizará, en coordinación con las entidades locales de fiscalización o de manera directa, las participaciones federales. En el caso de los Estados y los Municipios cuyos empréstitos cuenten con la garantía de la Federación, fiscalizará el destino y ejercicio de los recursos correspondientes que hayan realizado los gobiernos locales. Asimismo, fiscalizará los recursos federales que se destinen y se ejerzan por cualquier entidad, persona física o moral, pública o privada, y los transferidos a fideicomisos, fondos y mandatos, públicos o privados, o cualquier otra figura jurídica, de conformidad con los procedimientos establecidos en las leyes y sin perjuicio de la competencia de otras autoridades y de los derechos de los usuarios del sistema financiero."
(...)"

Lo hasta aquí reflexionado, en concordancia lógica, nos permite colegir que existe una interpretación claramente devenida desde la Constitución mexicana en cuanto a la naturaleza jurídica de la Auditoría Superior del Estado de Yucatán, sus atribuciones consagradas parcial, pero también fundamentalmente en la Constitución federal y a su vez en la Constitución

Política del Estado de Yucatán, lo que encuentra su colofón en lo que interpretó el colegiado, para sentenciar una carencia de legitimación en los términos de una ley en el ámbito federal, en este caso la ley de amparo, reglamentaria de los artículos 103 y 107 de la constitución política de los estados unidos mexicanos.

Ahora bien, pretendiendo abarcar también una hipótesis que se vincula a los derechos humanos, que como parte de la falta de legitimación para acceder al control constitucional que el Colegiado Resolutor arguyó. Fue argumentada una extensión a aquellos gobernados que, de acuerdo a nuestro criterio, resultan agraviados como parte de las conductas que repercuten en fenómenos de corrupción.

Esto quiere decir, que la clausura de la instancia de control constitucional, no únicamente le niega a esta Auditoría, en modo horizontal a los gobernados y en defensa de los resultados que como parte de sus funciones se dieron y promovieron en diversas instancias, la posibilidad de protegerse de posibles fallos y actos de autoridad arbitrarios, sino que por añadidura la resolución del colegiado, desprotege *a priori* a los gobernados lesionando su derecho humano a vivir en un ambiente libre de corrupción[2].

---

[2] Suprema Corte de Justicia de la Nación
Registro digital: 2021043
Instancia: Tribunales Colegiados de Circuito
Décima Época
Materias(s): Constitucional, Penal
Tesis: I.9o.P.255 P (10a.)
Fuente: Gaceta del Semanario Judicial de la Federación. Libro 72, Noviembre de 2019, Tomo III, página 2335
Tipo: Aislada
DERECHO HUMANO A VIVIR EN UN AMBIENTE LIBRE DE CORRUPCIÓN. NO SE VIOLA POR EL HECHO DE QUE A UNA ASOCIACIÓN CIVIL QUE TIENE COMO OBJETO COMBATIRLA

NO SE LE RECONOZCA EL CARÁCTER DE VÍCTIMA U OFENDIDO DEL DELITO QUE DENUNCIÓ, POR NO ESTAR DEMOSTRADO QUE COMO CONSECUENCIA DE ÉSTE SUFRIÓ UN DAÑO FÍSICO, PÉRDIDA FINANCIERA O MENOSCABO DE SUS DERECHOS FUNDAMENTALES.

Si bien conforme a los artículos 6o., 108, 109 y 134 de la Constitución Política de los Estados Unidos Mexicanos y con la reforma que creó el Sistema Nacional Anticorrupción, publicada en el Diario Oficial de la Federación el veintisiete de mayo de dos mil quince, se advierte la existencia de un régimen de actuación y comportamiento estatal, así como de responsabilidades administrativas que tiene como fin tutelar el correcto y cabal desarrollo de la función administrativa y, por ende, establecer, en favor de los ciudadanos, principios rectores de la función pública que se traducen en una garantía a su favor para que los servidores públicos se conduzcan con apego a la legalidad y a los principios constitucionales de honradez, lealtad, imparcialidad y eficiencia en el servicio público y, en consecuencia, en el manejo de los recursos públicos y en la transparencia que debe permear en dichos temas; lo cierto es que aun cuando la quejosa, como asociación civil, conforme a su acta constitutiva, tiene como objeto combatir la corrupción y la impunidad a través de demandas, denuncias, quejas, querellas o cualquier instancia administrativa, ello no le da el carácter de víctima u ofendido del delito, si no está demostrado que sufrió un daño físico, pérdida financiera o menoscabo de sus derechos fundamentales, como consecuencia del delito que denunció en la carpeta de investigación respectiva, por lo que no existe violación al derecho humano a vivir en un ambiente libre de corrupción, en virtud de que la Constitución General de la República, el Código Nacional de Procedimientos Penales y la Ley General de Víctimas, no le dan facultad para participar en un procedimiento penal con dicho carácter.

NOVENO TRIBUNAL COLEGIADO EN MATERIA PENAL DEL PRIMER CIRCUITO.

Amparo en revisión 216/2019. 3 de octubre de 2019. Unanimidad de votos. Ponente: Emma Meza Fonseca. Secretario: Martín Muñoz Ortiz.

Esta tesis se publicó el viernes 15 de noviembre de 2019 a las 10:26 horas en el Semanario Judicial de la Federación.

Con la intención de robustecer el cumplimiento de hipótesis para la atracción de revisión constitucional de la superioridad judicial del país se estimó también importante justificar el cumplimiento de la disposición en materia de amparo que dicta que *"siempre que a juicio de la Suprema Corte de Justicia de la Nación el asunto revista un interés excepcional en materia constitucional o de derechos humanos."* En ese sentido, nos permitimos en la interposición del recurso, justificar el interés excepcional que este asunto debe revestir para la máxima tribuna judicial del país, en los términos siguientes:

La repercusión que tendría negar el carácter de quejoso a los órganos de fiscalización local, de modo *lato,* y por lo tanto de modo restringido a este caso, a la ASEY, sentaría un precedente negativo para el acceso al control constitucional, de una persona moral oficial que por su naturaleza jurídica constitucional federal y local tiene a su cargo una serie de funciones y atribuciones trascendentales dentro de la esfera de operatividad del sistema nacional anticorrupción, lo que conlleva también ir en contra del espíritu mismo de la reforma aquí invocada que se encuentra en aras de dotar de mayores herramientas al Estado mexicano para el combate al fenómeno de la corrupción.

En ese sentido, tal y como fue explicado en el capítulo respectivo, la reforma constitucional del año dos mil quince que implicó elevar a la máxima categoría jurídica el combate a la corrupción, implementando una serie de dispositivos, sistemas jurídicos y una coordinación generalizada entre autoridades de diversas ramas, materias, poderes de la unión, niveles de gobierno y de diferentes formas de organización administrativa, que de uno u otro modo, y como se afirmó y reforzó, consagró a un estatus constitucional el combate a la corrupción.

De esa manera se destacó ante la superioridad, y como ya fue elaborado en este estudio, que el órgano de fiscalización superior federal y sus órganos de fiscalización locales análogos, se insertan como elementos dentro de la operación de dicho sistema que le otorgan un grado de considerable relevancia, no únicamente dentro de su mera función de fiscalización y auditoría, que por si solas resultan fundamentales en la correcta administración y erogación de recursos públicos, sino que en adición, los materializan como figuras persecutoras en materia de faltas administrativas graves, y por supuesto, y a nuestro juicio, como una figura de calidad especial en materia de derecho penal, específicamente en materia de derecho penal anticorrupción[3].

En síntesis en cuanto a este argumento, la Corte requería de un interés excepcional para que ejerza su atribución de revisión constitucional sobre la resolución del Colegiado, toda vez que el antecedente de clausurar definitivamente el acceso a Juicio de garantías de los órganos de fiscalización, a partir de una interpretación que se resumió a colisionar las premisas que, devenidas de las atribuciones de la Auditoría Superior del Estado de Yucatán, *versus* los requisitos de legitimación señalados en el numeral 7 de la Ley de Amparo, desde lo literal y con un cariz liso y llano, sin ahondar en la naturaleza jurídica de los órganos de fiscalización, fundados desde lo constitucional local y federal, en el derecho humano de los gobernados a vivir en un ambiente libre de corrupción, y en última instancia, a las directrices y principios fundados por el Estado mexicano desde la reforma en materia de combate a la corrupción del año dos mil quince[4], gatillan una consecuencia de (1) una re-

---

3 Derecho penal anticorrupción se refiere a una expresión que se circunscribe y que engloba los delitos que en cada título de los códigos sustantivos regulan las figuras típicas relacionadas con el combate a la corrupción.

4 Op. Cit, Registro digital: 2020037. Instancia: Tribunales Colegiados de Circuito. Décima Época. Materias(s): Constitucional, Administrativa. Tesis: I.10o.A.107 A (10a.). Fuente: Gaceta del Semanario Judicial de la Federación. Libro 67, Junio de 2019, Tomo VI, página

percusión en materia de derechos humanos relacionados con los agravios que la corrupción produce de modo generalizado y (2) un contrasentido del espíritu constitucional en materia del combate a ese mismo fenómeno que es la corrupción.

4.2. JUSTIFICACIÓN DEL INTERÉS JURÍDICO DE LOS ÓRGANOS DE FISCALIZACIÓN PARA SUBSUMIR CALIDAD DE QUEJOSA EN EL JUICIO DE AMPARO

Entramos entonces al meollo del asunto, ya en el comprendido de qué consecuencias tiene cerrar el acceso al control constitucional de los órganos de fiscalización, que incluso trasciende, en nuestra opinión, a la lesión de derechos fundamentales. En esa línea, comenzamos con dispuesto en los artículos 5 fracción I y 7 de la Ley de Amparo, Reglamentaria de los artículos 103 y 107 de la Constitución Política de los Estados Unidos Mexicanos, desde los que resulta procedente justificar a los Órgano de Fiscalización para ostentar el carácter de quejosa. Siendo aplicable para el caso que nos ocupa, la Jurisprudencia emitida por el Pleno de Circuito, del primer circuito antes de modo sintético, y publicada en el Semanario Judicial de la Federación, la cual es del tenor siguiente:

> *"Registro digital: 2010163*
> *Instancia: Plenos de Circuito*
> *Décima Época*
> *Materias(s): Común, Penal*
> *Tesis: PC.I.P. J/13 P (10a.)*
> *Fuente: Gaceta del Semanario Judicial de la Federación. Libro 23, Octubre de 2015, Tomo III, página 2318*
> *Tipo: Jurisprudencia*

5361. Tipo: Aislada. SISTEMA NACIONAL ANTICORRUPCIÓN. SU GÉNESIS Y FINALIDAD.

AUDITORÍA SUPERIOR DE LA FEDERACIÓN. TIENE INTERÉS JURÍDICO PARA PROMOVER JUICIO DE AMPARO INDIRECTO CONTRA EL ACUERDO QUE AUTORIZA EN DEFINITIVA EL NO EJERCICIO DE LA ACCIÓN PENAL, CUANDO ACTÚA COMO DENUNCIANTE EN UNA AVERIGUACIÓN PREVIA CON MOTIVO DEL EJERCICIO DE SUS FACULTADES CONSTITUCIONALES DE FISCALIZACIÓN.

De los artículos 74, fracciones II y VI, así como 79 de la Constitución Política de los Estados Unidos Mexicanos, se observa que a la Auditoría Superior de la Federación se encomendó la facultad de velar para que el ingreso, egreso, manejo, custodia y aplicación de fondos y recursos federales se ajusten a los lineamientos señalados en el presupuesto, además de constatar la consecución de los objetivos y las metas contenidas en los programas de gobierno; y derivado de dicha función, los artículos 14, 16 y 45 de la Ley de Fiscalización Superior de la Federación, vigente hasta el 29 de mayo de 2009, otorgaron al ente fiscalizador facultades para determinar los daños y perjuicios sufridos por el Estado en su hacienda pública federal o en el patrimonio de los entes públicos federales, y presentar las denuncias y querellas relativas, así como coadyuvar con el Ministerio Público; en suma, la Auditoría Superior de la Federación es el órgano encargado de salvaguardar la hacienda pública federal o el patrimonio de los entes públicos federales, independientemente de cuál sea el ente fiscalizado al que materialmente pertenezcan los recursos; por tanto, tiene interés jurídico para reclamar el acuerdo que autoriza en definitiva el no ejercicio de la acción penal en vía de amparo indirecto, cuando actúa como denunciante en una averiguación previa con motivo del ejercicio de sus facultades constitucionales de fiscalización; lo que es acorde con los numerales 9o. de la abrogada Ley de Amparo y 7o. de la vigente, ya que con esas facultades comparece a demandar el amparo como representante de la Federación, quien sufre la afectación patrimonial, actuando en un plano de igualdad, al someter su pretensión a la potestad del Ministerio Público de investigar los delitos, de acuerdo al artículo 21 constitucional. (...)" [5]

---

5 PLENO EN MATERIA PENAL DEL PRIMER CIRCUITO.
Contradicción de tesis 5/2014. Entre las sustentadas por los Tribunales Colegiados Segundo, Quinto y Séptimo, todos en Materia Penal del Primer Circuito. 18 de agosto de 2015. Mayoría de seis votos de los Magistrados Luis Núñez Sandoval, Mario Ariel Acevedo Cedillo, Héctor Lara González, Horacio Armando Hernández Orozco, Lilia Mónica López Benítez y Taissia Cruz Parcero. Disidentes: Ricardo Ojeda Bohórquez, Tereso Ramos Hernández y Guadalupe Olga Mejía Sánchez. Ponente: Ricardo Ojeda Bohórquez. Encargado del engrose: Luis Núñez Sandoval. Secretario: Daniel Marcelino Niño Jiménez.
Tesis y/o criterios contendientes:
Tesis I.2o.P.35 P (10a.), de título y subtítulo: "AUDITORÍA SUPERIOR DE LA FEDERACIÓN. CARECE DE LEGITIMACIÓN PARA PROMOVER EL JUICIO DE AMPARO INDIRECTO CONTRA LA AUTORIZACIÓN DEFINITIVA DEL NO EJERCICIO DE LA ACCIÓN PENAL, CUANDO ÚNICAMENTE FUNGE COMO DENUNCIANTE EN LA AVERIGUACIÓN PREVIA Y NO DEMUESTRA QUE SUFRIÓ ALGÚN DAÑO FÍSICO, PÉRDIDA FINANCIERA O MENOSCABO DE SUS DERECHOS FUNDAMENTALES.", aprobada por el Segundo Tribunal Colegiado en Materia Penal del Primer Circuito y publicada en el Semanario Judicial de la Federación del viernes 11 de julio de 2014 a las 8:25 horas y en la Gaceta del Semanario Judicial de la Federación, Décima Época, Libro 8, Tomo II, julio de 2014, página 1108,
Tesis I.5o.P.29 P (10a.), de título y subtítulo: "AUDITORÍA SUPERIOR DE LA FEDERACIÓN. TIENE INTERÉS JURÍDICO PARA PROMOVER AMPARO INDIRECTO CONTRA LA DETERMINACIÓN QUE AUTORIZA EN DEFINITIVA EL NO EJERCICIO DE LA ACCIÓN PENAL, CUANDO HAYA INTERVENIDO COMO DENUNCIANTE.", aprobada por el Quinto Tribunal Colegiado en Materia Penal del Primer Circuito y publicada en el Semanario Judicial de la Federación del viernes 22 de agosto de 2014 a las 9:33 horas y en la Gaceta del Semanario Judicial de la Federación, Décima Época, Libro 9, Tomo III, agosto de 2014, página 1592, y
El sustentado por el Séptimo Tribunal Colegiado en Materia Penal del Primer Circuito, al resolver el amparo en revisión 185/2013.

De la lectura de la contradicción de tesis transcrita, primero se destaca que resolvió un supuesto inserto dentro del sistema penal inquisitivo, de tal suerte que debemos argumentar dos analogías al respecto que son (1) que el acto reclamado que se pretendía en el asunto en cuestión, constituyó un acto judicial que implicaba el no ejercicio de la acción penal, es equivalente a la no vinculación a proceso en el sistema oral y (2) aquella entre los órganos de fiscalización locales y federales para colocarse en el supuesto que la tesis fundó y motivó.

Continuando con la misma línea, se debe destacar que en los juicios de amparo resueltos como tesis aisladas y analizados en la calidad de criterios contendientes en la contradicción de tesis antes transcrita, fungió como parte quejosa el homólogo federal de este órgano de fiscalización local, es decir, la Auditoría Superior de la Federación, vislumbrándose que dicho homólogo ostentó la calidad de denunciante derivada de sus facultades constitucionales de fiscalización lo cual es también paralelo al caso de estudio abarcado en esta obra.

Por lo tanto, existe concordancia en los elementos fundamentales expuestos y que ilustra la tesis jurisprudencial, lo que hace dable la analogía entre órganos de fiscalización, y *ergo* el interés jurídico para la ASEY para la promoción del juicio de amparo. Se abona en ese sentido:

Nota: Por ejecutoria del 18 de mayo de 2016, la Primera Sala declaró inexistente la contradicción de tesis 314/2015 derivada de la denuncia de la que fue objeto el criterio contenido en esta tesis, al estimarse que no son discrepantes los criterios materia de la denuncia respectiva.

Esta tesis se publicó el viernes 09 de octubre de 2015 a las 11:00 horas en el Semanario Judicial de la Federación y, por ende, se considera de aplicación obligatoria a partir del martes 13 de octubre de 2015, para los efectos previstos en el punto séptimo del Acuerdo General Plenario 19/2013.

La catalogación de actos reclamados en nuestro caso de estudio serían aquellos en los que la Auditoría ejerza su atribución de *calidad especial* en los términos que ya fueron argumentados. Lo que en síntesis colma instancia y resolución análoga en el ahora procedimiento acusatorio y adversarial para con aquella resuelta en la tesis en cita; en concordancia y como ya se desarrolló, por ser la parte quejosa en la contradicción en comento, la Auditoría Superior de la Federación que, en términos constitucionales, el numeral 79 fracción I de la misma Carta Magna, ya varias veces citado pero que para efectos de facilidad de lectura se inserta y resalta lo que nos atañe, señala lo siguiente:

> *"(...) Artículo 79. La Auditoría Superior de la Federación de la Cámara de Diputados, tendrá autonomía técnica y de gestión en el ejercicio de sus atribuciones y para decidir sobre su organización interna, funcionamiento y resoluciones, en los términos que disponga la ley.*
>
> *La función de fiscalización será ejercida conforme a los principios de legalidad, definitividad, imparcialidad y confiabilidad.*
>
> *La Auditoría Superior de la Federación podrá iniciar el proceso de fiscalización a partir del primer día hábil del ejercicio fiscal siguiente, sin perjuicio de que las observaciones o recomendaciones que, en su caso realice, deberán referirse a la información definitiva presentada en la Cuenta Pública.*
>
> *Asimismo, por lo que corresponde a los trabajos de planeación de las auditorías, la Auditoría Superior de la Federación podrá solicitar información del ejercicio en curso, respecto de procesos concluidos.*
>
> *La Auditoría Superior de la Federación tendrá a su cargo:*
>
> *I. Fiscalizar en forma posterior los ingresos, egresos y deuda; las garantías que, en su caso, otorgue el Gobierno Federal respecto a empréstitos de los Estados y Municipios; el manejo, la custodia y la aplicación de fondos y recursos de los Poderes de la Unión y de los entes públicos federales, así como realizar*

auditorías sobre el desempeño en el cumplimiento de los objetivos contenidos en los programas federales, a través de los informes que se rendirán en los términos que disponga la Ley.

También fiscalizará directamente los recursos federales que administren o ejerzan las entidades federativas, los municipios y las demarcaciones territoriales de la Ciudad de México. En los términos que establezca la ley fiscalizará, en coordinación con las entidades locales de fiscalización o de manera directa, las participaciones federales. En el caso de los Estados y los Municipios cuyos empréstitos cuenten con la garantía de la Federación, fiscalizará el destino y ejercicio de los recursos correspondientes que hayan realizado los gobiernos locales. Asimismo, fiscalizará los recursos federales que se destinen y se ejerzan por cualquier entidad, persona física o moral, pública o privada, y los transferidos a fideicomisos, fondos y mandatos, públicos o privados, o cualquier otra figura jurídica, de conformidad con los procedimientos establecidos en las leyes y sin perjuicio de la competencia de otras autoridades y de los derechos de los usuarios del sistema financiero.
(...)"

Expuesto lo anterior, es importante señalar que igualmente la Constitución Política de los Estados Unidos Mexicanos en su numeral 116 fracción II señala la naturaleza de este Órgano de Fiscalización local o entidad estatal de fiscalización, que se inserta con el mismo objeto que el anterior:

"(...) Artículo 116. El poder público de los estados se dividirá, para su ejercicio, en Ejecutivo, Legislativo y Judicial, y no podrán reunirse dos o más de estos poderes en una sola persona o corporación, ni depositarse el legislativo en un solo individuo.

Los poderes de los Estados se organizarán conforme a la Constitución de cada uno de ellos, con sujeción a las siguientes normas:
(...)

II (...)
Las legislaturas de los estados contarán con entidades estatales de fiscalización, las cuales serán órganos con autonomía técnica y de gestión en el ejercicio de sus atribuciones y para decidir

sobre su organización interna, funcionamiento y resoluciones, en los términos que dispongan sus leyes. La función de fiscalización se desarrollará conforme a los principios de legalidad, imparcialidad y confiabilidad. Asimismo, deberán fiscalizar las acciones de Estados y Municipios en materia de fondos, recursos locales y deuda pública. Los informes de auditoría de las entidades estatales de fiscalización tendrán carácter público.

El titular de la entidad de fiscalización de las entidades federativas será electo por las dos terceras partes de los miembros presentes en las legislaturas locales, por periodos no menores a siete años y deberá contar con experiencia de cinco años en materia de control, auditoría financiera y de responsabilidades.

La cuenta pública del año anterior deberá ser enviada a la Legislatura del Estado, a más tardar el 30 de abril. Sólo se podrá ampliar el plazo de presentación cuando medie solicitud del Gobernador, suficientemente justificada a juicio de la Legislatura. (...)"

Lo que significa que tanto la Auditoría Superior de la Federación como el Órgano Fiscalizador Estatal se encuentran en una función y figura jurídica pública análoga por revestir la misma naturaleza, e incluso coordinación en sus funciones de fiscalización dentro de determinados supuestos. Dicha homologación entre la multicitada tesis jurisprudencial y el presente asunto, se complementa con la regulación constitucional local yucateca de la Auditoría Superior del Estado de Yucatán, que cuenta con la facultad constitucional a dicho nivel estatal, de la promoción y denuncia ante la Fiscalía Especializada en Combate a la Corrupción, de hechos que deriven de sus investigaciones, tal y como se señala en el numeral 43 bis de la propia Constitución Local ya múltiples veces citada, y en la que ya ha quedado clara desde nuestro planteamiento relativo a la figura de *denunciante* y de la *calidad especial* que se esbozó en líneas precedentes:

Por último, debe precisarse también la afinidad que corresponde a la calidad de *denunciante,* entre el asunto llevado a contradicción de tesis y el presente asunto, lo que constituye el elemento restante para completar el carácter análogo entre ambas figuras, y en ese sentido manifestar que la atribución de denunciar por parte de la Auditoría Superior de la Federación dimanó de sus facultades constitucionales de fiscalización, lo cual, en el caso concreto de estudio para nuestra obra, esta Auditoría Superior del Estado de Yucatán reviste de atribución símil con motivo de sus facultades de fiscalización, tal y como se ilustra en el artículo 43-bis fracción IV de la Constitución Yucateca, así como de sus facultades contempladas en la legislación secundaria local, de acuerdo al artículo 78 fracción VI, 115 fracciones III, IV y penúltimo párrafo, de la Ley de Fiscalización de la Cuenta Pública del Estado de Yucatán, legislaciones que fueron debidamente argumentadas para construir el *corpus* relativo a la construcción de la calidad especial en materia penal para los órganos de fiscalización que esta obra ha tenido a bien justificar.

Continuando con la Jurisprudencia ya enunciada, esta arroja de modo inmediato que en función del patrimonio que salvaguarda por sus labores de fiscalización, de las facultades conferidas a los órganos de fiscalización vinculadas al patrimonio tutelado y a su vez, a la horizontalidad que existe para con los gobernados al momento de que estos órganos se erigen como denunciantes ante el Ministerio Público como parte de la función fiscalizadora; que existe una plena capacidad e interés para la promoción del juicio de amparo por parte de esta Auditoría Superior del Estado de Yucatán, por encontrarnos ante un caso, como ya se ha puntualizado en demasía, análogo al que se trató en la tesis jurisprudencial en cita y argumentación; *ergo* existe una homologación en todos aspectos trascendentales que la tesis de estudio enuncia, cumpliendo con los requisitos mínimos que el Pleno de Circuito tomó en consideración para reconocerle al Homólogo Federal, el *interés Jurídico* para promover un juicio de amparo, ello, derivado de la función fiscalizadora así como el de salvaguardar la hacienda pública de los entes fiscalizados.

4.3. CONTRADICCIÓN DE CRITERIOS.

Ya hemos partido de un cuerpo común que esta obra pretende establecer como basamento primordial para su objeto de argumentación, lo que no es otra cosa que justificar que los órganos de fiscalización cumplen con lo establecido en el numeral 7 de la Ley de amparo, y de esta manera apersonarse como quejosos en el juicio de amparo. En ese sentido, la ASEY ha enfrentado tres criterios generados a partir de sus pretensiones de comparecencia en dicha materia, y que a continuación se expondrán.

Prima facie, atendiendo la problemática de la legitimación de un órgano de fiscalización como quejoso en el juicio de amparo a través de la subsunción de un interés que le permita acreditar dicha calidad, existen, de acuerdo al conocimiento de esta recurrente, cuatro criterios, dos sostenidos en un sentido de permitir el acceso al control constitucional a la persona moral oficial aquí discutida, y uno en tono discordante, que niega dicho acceso o calidad procesal.

Dichos criterios, el primero ya abordado y que ha servido de base para la argumentación de ASEY al enfrentar las instancias que se generaron en los tres restantes, se enumeran en la siguiente tabla:

RESOLUCIÓN	CRITERIO SOSTENIDO	AUTORIDAD JUDICIAL QUE LO EMITIÓ	SENTIDO DEL FALLO SINTETIZADO
TESIS JURISPRUDENCIAL: **Registro digital: 2010163** **Instancia: Plenos de Circuito** **Décima Época**	El órgano de fiscalización federal, análogo de los locales: *"(...) tiene interés jurídico para reclamar el acuerdo que autoriza en definitiva el no ejercicio de la acción penal en vía de amparo indirecto, cuando actúa como denunciante en*	Plenos de Circuito del Primer Circuito Judicial.	Concede la calidad de quejoso al órgano de fiscalización y considera existente el interés jurídico en juicio de amparo.

Materias(s): Común, Penal **Tesis: PC.I.P. J/13 P (10a.)** **Fuente: Gaceta del Semanario Judicial de la Federación. Libro 23, Octubre de 2015, Tomo III, página 2318** **Tipo: Jurisprudencia** **AUDITORÍA SUPERIOR DE LA FEDERACIÓN. TIENE INTERÉS JURÍDICO PARA PROMOVER JUICIO DE AMPARO INDIRECTO CONTRA EL ACUERDO QUE AUTORIZA EN DEFINITIVA EL NO EJERCICIO DE LA ACCIÓN PENAL, CUANDO ACTÚA COMO DENUNCIANTE EN UNA AVERIGUACIÓN PREVIA CON MOTIVO DEL EJERCICIO DE SUS FACULTADES CONSTITUCIONALES DE FISCALIZACIÓN.**	*una averiguación previa con motivo del ejercicio de sus facultades constitucionales de fiscalización; lo que es acorde con los numerales 9o. de la abrogada Ley de Amparo y 7o. de la vigente, ya que con esas facultades comparece a demandar el amparo como representante de la Federación, quien sufre la afectación patrimonial, actuando en un plano de igualdad, al someter su pretensión a la potestad del Ministerio Público de investigar los delitos, de acuerdo al artículo 21 constitucional."*		

QUEJA NÚMERO: 93/2022.	Devenido de la interposición de recurso de queja por parte de este mismo órgano de fiscalización local, ante el Tribunal Colegiado en materias Penal y Administrativa del Décimo Cuarto Circuito (quien en la resolución que aquí se recurre y como se verá en el siguiente antecedente, sostuvo el criterio opuesto) contra el sobreseimiento por falta de legitimación, argumentado por el Juez Quinto de Distrito, y resolvió sustancialmente en el sentido siguiente: "***DECISIÓN.-*** *En las relatadas consideraciones, con fundamento en el artículo 103, de la Ley de Amparo, lo que se impone es DECLARAR FUNDADO el presente recurso de queja, para el efecto de que el Juez de Distrito provea lo conducente a la admisión de la demanda de amparo, toda vez que se actualiza un caso de excepción a la regla general de no reenvío, al no poder este Tribunal asumir la jurisdicción que a dicho juzgador corresponde.* *Brinda sustento a lo que resuelve la jurisprudencia 2ª./J. 73/2014 (10ª.),*	Tribunal Colegiado en Materias Penal y Administrativa del Decimocuarto Circuito, por unanimidad de votos.	Concede la calidad de quejoso al órgano de fiscalización y considera existente el interés jurídico en juicio de amparo.

	emitida por la Segunda Sala del Más Alto Tribunal de la República, consultable en la página 901, del Libro 9, agosto de 2014, Tomo II, de la Gaceta del Semanario Judicial de la Federación, Décima Época, en su edición electrónica con registro número 2007069, con el título y subtítulo siguientes: *"RECURSO DE QUEJA CONTRA EL AUTO QUE DESECHA UNA DEMANDA DE AMPARO. DE SER FUNDADO, EL TRIBUNAL COLEGIADO DE CIRCUITO DEBE DEVOLVER LOS AUTOS AL JUEZ DE DISTRITO A EFECTO DE QUE SE PRONUNCIE SOBRE LA ADMISIÓN Y, EN SU CASO, SOBRE LA MEDIDA CAUTELAR. El artículo 97, fracción I, inciso a), de la Ley de Amparo establece que procede el recurso de queja en amparo indirecto contra las resoluciones que desechen una demanda de amparo. Por su parte, el diverso 103 del mismo ordenamiento prevé que, en caso de resultar fundado el recurso, se dictará la resolución que*		

	corresponda sin necesidad de reenvío, salvo que ésta implique la reposición del procedimiento. Así, del análisis relacionado de esas disposiciones, tomando en consideración la naturaleza del recurso de queja en el que no existe devolución de jurisdicción, cuando un Tribunal Colegiado de Circuito declare fundado el recurso de queja contra el desechamiento de una demanda de amparo, éste dictará la resolución que corresponda, ordenando al Juez de Distrito proveer lo conducente en relación con la admisión, en términos de los artículos 112 a 115 del propio ordenamiento, lo que implica que no puede asumir la jurisdicción que a éste corresponde." *Por lo expuesto y fundado se, RESUELVE:* *ÚNICO.- Es FUNDADO el recurso de queja interpuesto por ***** **** ****** ********* (EN SU CARÁCTER DE DIRECTOR JURÍDICO DE LA AUDITORÍA SUPERIOR DEL ESTADO DE YUCATÁN, EN REPRESENTACIÓN DEL AUDITOR SUPERIOR DEL ESTADO*		

	*DE YUCATÁN Y DE DICHA AUDITORÍA), en contra del auto que el Juez Quinto de Distrito en el Estado de Yucatán, pronunció el diecisiete de febrero de dos mil veintidós, durante la tramitación del juicio de amparo indirecto número *********** de su índice, a través del cual desechó de plano la demanda."*		
AMPARO DIRECTO: 150/2022.	La resolución que a través de este recurso se combate, y que ve su origen en la misma autoridad que la resolución anterior mencionada en la presente tabla, mencionó al tenor literal de su resolución: *"-Decisión- En el contexto anotado, es patente que se actualiza la causa de improcedencia que prevé el artículo 61, fracción XXIII, en relación con el 7, párrafo primero, ambos de la Ley de Amparo, pues de la manera anotada el peticionario no justificó estar legitimado para promover el juicio de amparo; razón por la que procede sobreseer en este juicio con base en el numeral 63, fracción V, de la citada ley.*	Tribunal Colegiado en Materias Penal y Administrativa del Decimocuarto Circuito, por unanimidad de votos.	No concede la calidad de quejoso al órgano de fiscalización y considera inexistente el interés jurídico en juicio de amparo.

	Por lo expuesto y fundado, y con apoyo en los artículos 74, 75 y 170, fracción I, de la Ley de Amparo, se resuelve: *ÚNICO.- Se SOBRESEE en el juicio de amparo directo que promueve el AUDITOR SUPERIOR DEL ESTADO DE YUCATÁN, para reclamar la sentencia de veintitrés de mayo de dos mil veintidós que en grado de apelación pronunció la entonces denominada Primera Sala Colegiada del Sistema de Justicia Penal Acusatorio y de Ejecución de Sanciones y Medidas de Seguridad del Tribunal Superior de Justicia del Estado de Yucatán con sede en esta ciudad (hoy Primera Sala Colegiada Penal y Civil), en el toca número *******.*		
CRITERIO SOSTENIDO EN EL JUICIO DE AMPARO INDIRECTO 174/2023-IV, DEL ÍNDICE DEL JUZGADO SEXTO DE DISTRITO EN EL ESTADO DE YUCATÁN, CON RESIDENCIA EN MÉRIDA RESUELTO POR EL JUZGADO	"(...) Ahora bien, son fundados los conceptos de violación expuestos por la parte quejosa en contra del acuerdo reclamado, ya que como lo expone, omitió tomar en consideración los artículos 43 bis, fracciones III y IV, de la Constitución Política del Estado Libre y Soberano de Yucatán y 115, fracción	Juzgado Tercero de Distrito del Centro Auxiliar de la Cuarta Región, con residencia en Xalapa, Veracruz.	Concede la calidad de quejoso en Audiencia Constitucional y ampara y protege a la ASEY con esa misma calidad acerca del fondo del asunto.

TERCERO DE DISTRITO DEL CENTRO AUXILIAR DE LA CUARTA REGIÓN, CON RESIDENCIA EN XALAPA, VERACRUZ,	IV, de la Ley de Fiscalización de la Cuenta Pública del Estado de Yucatán, que establecen, respectivamente: "Artículo 43 Bis.- La Auditoría Superior del Estado es un órgano con autonomía técnica, presupuestal y de gestión para el ejercicio de sus atribuciones, así como para decidir sobre su organización interna, funcionamiento y resoluciones en los términos que disponga la ley. La función de fiscalización se realizará conforme a los principios de legalidad, imparcialidad y confiabilidad. La Auditoría Superior del Estado podrá iniciar el proceso de fiscalización a partir del primer día hábil del ejercicio fiscal siguiente, sin perjuicio de que las observaciones o recomendaciones que, en su caso realice, deberán referirse a la información definitiva presentada en la cuenta pública. Asimismo, por lo que corresponde a los trabajos de planeación de las auditorías, la Auditoría Superior del Estado podrá solicitar información		

	del ejercicio en curso, respecto de procesos concluidos. La Auditoría Superior del Estado tendrá a su cargo: ... III.- Investigar los actos u omisiones que impliquen alguna irregularidad o conducta ilícita en el ingreso, egreso, manejo, custodia y aplicación de fondos y recursos estatales y municipales, y efectuar visitas domiciliarias, para solicitar la exhibición de libros, papeles o archivos indispensables para la realización de sus investigaciones, sujetándose a las leyes y a las formalidades establecidas para los cateos. IV.- Promover y denunciar, derivado de sus investigaciones, las responsabilidades administrativas o penales que sean procedentes ante el Tribunal de Justicia Administrativa del Estado de Yucatán y la Fiscalía Especializada en Combate a la Corrupción, para la imposición de las sanciones que correspondan a los servidores públicos y a los particulares.		

	...". "Artículo 115. Determinación de daños a la hacienda del estado Si de la fiscalización de las cuentas públicas Aparecieran irregularidades que permitan presumir la existencia de hechos o conductas que produzcan un daño o perjuicio a la Hacienda Pública del estado o sus municipios, la auditoría superior procederá a: ... IV. Coadyuvar con la vicefiscalía especializada en los procesos penales correspondientes, tanto en la etapa de investigación, como en la judicial. En estos casos, la vicefiscalía especializada recabará previamente la opinión de la auditoría superior, respecto de las resoluciones que dicte sobre el no ejercicio o el desistimiento de la acción penal. Previamente a que la vicefiscalía especializada determine declinar su competencia, abstenerse de investigar los hechos denunciados, archivar temporalmente las investigaciones o decretar el no		

	ejercicio de la acción penal, deberá hacerlo del conocimiento de la auditoría superior para que exponga las consideraciones que estime convenientes. La auditoría superior podrá impugnar ante la autoridad competente las omisiones de la vicefiscalía especializada en la investigación de los delitos, así como las resoluciones que emita en materia de declinación de competencia, reserva, no ejercicio o desistimiento de la acción penal, o suspensión del procedimiento. …". De los artículos en cita se destaca, en lo que interesa, que la Auditoría Superior del Estado de Yucatán puede investigar los actos u omisiones que impliquen alguna irregularidad o conducta ilícita en el ingreso, egreso, manejo, custodia y aplicación de fondos y recursos estatales y municipales, así como promover y denunciar, derivado de sus investigaciones, las responsabilidades penales que sean procedentes ante la Fiscalía Especializada en		

	Combate a la Corrupción, para la imposición de las sanciones que correspondan a los servidores públicos y a los particulares; de igual modo, tiene la facultad de impugnar, ante la autoridad competente, las omisiones de la fiscalía en la investigación de delitos. Por otro lado, el juez del conocimiento determinó que la parte aquí quejosa, carecía de legitimación para impugnar el archivo temporal de la carpeta de investigación, toda vez solo tenía el carácter de denunciante, no así de víctima ni ofendido, fundando su determinación en los artículos 258 y 105 del Código Nacional de Procedimiento Penales que establecen "Artículo 258. Notificaciones y control judicial Las determinaciones del Ministerio Público sobre la abstención de investigar, el archivo temporal, la aplicación de un criterio de oportunidad y el no ejercicio de la acción penal deberán ser notificadas a la víctima u ofendido quienes las podrán impugnar ante el Juez de		

	control dentro de los diez días posteriores a que sean notificadas de dicha resolución. En estos casos, el Juez de control convocará a una audiencia para decidir en definitiva, citando al efecto a la víctima u ofendido, al Ministerio Público y, en su caso, al imputado y a su Defensor. En caso de que la víctima, el ofendido o sus representantes legales no comparezcan a la audiencia a pesar de haber sido debidamente citados, el Juez de control declarará sin materia la impugnación. La resolución que el Juez de control dicte en estos casos no admitirá recurso alguno." "Artículo 105. Sujetos de procedimiento penal Son sujetos del procedimiento penal los siguientes: I. La víctima u ofendido; II. El Asesor jurídico; III. El imputado; IV. El Defensor; V. El Ministerio Público; VI. La Policía; VII. El Órgano jurisdiccional, y		

	VIII. La autoridad de supervisión de medidas cautelares y de la suspensión condicional del proceso. Los sujetos del procedimiento que tendrán la calidad de parte en los procedimientos previstos en este Código, son el imputado y su Defensor, el Ministerio Público, la víctima u ofendido y su Asesor jurídico." Expuesto lo anterior, de una interpretación conjunta de todos los numerales citados, se advierte que, como lo señaló la parte quejosa, adverso a lo señalado por sí tiene legitimación para interponer el medio defensa previsto en el artículo 258 del Código Federal de Procedimientos Penales, pues su pretensión no es denunciar el hecho ilícito por un mero interés cívico, sino salvaguardar el derecho de acceso a la justicia y que el mecanismo que accionó sea expedito, en función de los intereses que representa, esto es, del propio municipio de Huhí, Yucatán, quien tiene la calidad ofendido en las carpetas referidas, como se advierte		

	del informe rendido por la fiscal coordinadora de la Mesa I de la Unidad de Investigación y Litigación Especializada en el Combate a la Corrupción de la Fiscalía Especializada en Combate a la Corrupción del Estado de Yucatán, antes reproducido. Ello, ante la facultad conferida en la constitución de Yucatán para investigar actos u omisiones que impliquen alguna irregularidad o conducta ilícita en el ingreso, egreso, manejo, custodia y aplicación de fondos y recursos estatales y municipales; en ese sentido, la autoridad responsable debió considerar además la norma específica, artículo 115, fracción IV, de la Ley de Fiscalización de la Cuenta Pública del Estado de Yucatán, el cual prevé el supuesto correspondiente a que la auditoría superior puede impugnar, ante la autoridad competente (juez de control), las omisiones de la vicefiscalía especializada en la investigación de los delitos. De modo que, al entender en sentido limitativo las figuras de ofendido y		

	víctima, el juez del conocimiento desatendió el derecho de la parte quejosa atinente a que, al considerar transgredida una prerrogativa fundamental, puede ante la autoridad investigadora denunciar la probable comisión de un ilícito con el propósito de conocer la verdad y obtener justicia, en defensa de los intereses de, en este caso, el municipio que representa, así como impugnar las determinaciones emitidas por ésta que impliquen la omisión de investigar los delitos que le fueron puestos de su conocimiento. Por tanto, el juez responsable debió considerar los datos que se advertían del caso concreto, con el objeto de que Auditoría Superior del Estado de Yucatán, pudiera acudir a defender los intereses del Municipio de Huhí, Yucatán, el cual puede resentir una afectación, en un procedimiento asequible que le otorgue un real y efectivo acceso a la justicia, en el cual tenga la oportunidad de participar y ser escuchada. Se cita al respecto, por las consideraciones que		

	lo integran, la jurisprudencia emitida por el Pleno en Materia Penal del Primer Circuito de datos de localización, rubro y texto siguientes: "Suprema Corte de Justicia de la Nación. Registro digital: 2010163. Instancia: Plenos de Circuito. Décima Época. Materias(s): Común, Penal. Tesis: PC.I.P. J/13 P (10a.). Fuente: Gaceta del Semanario Judicial de la Federación. Libro 23, Octubre de 2015, Tomo III, página 2318. Tipo: Jurisprudencia. AUDITORÍA SUPERIOR DE LA FEDERACIÓN. TIENE INTERÉS JURÍDICO PARA PROMOVER JUICIO DE AMPARO INDIRECTO CONTRA EL ACUERDO QUE AUTORIZA EN DEFINITIVA EL NO EJERCICIO DE LA ACCIÓN PENAL, CUANDO ACTÚA COMO DENUNCIANTE EN UNA AVERIGUACIÓN PREVIA CON MOTIVO DEL EJERCICIO DE SUS FACULTADES CONSTITUCIONALES DE FISCALIZACIÓN. De los artículos 74, fracciones II y VI, así como 79 de la Constitución Política de los Estados Unidos		

	Mexicanos, se observa que a la Auditoría Superior de la Federación se encomendó la facultad de velar para que el ingreso, egreso, manejo, custodia y aplicación de fondos y recursos federales se ajusten a los lineamientos señalados en el presupuesto, además de constatar la consecución de los objetivos y las metas contenidas en los programas de gobierno; y derivado de dicha función, los artículos 14, 16 y 45 de la Ley de Fiscalización Superior de la Federación, vigente hasta el 29 de mayo de 2009, otorgaron al ente fiscalizador facultades para determinar los daños y perjuicios sufridos por el Estado en su hacienda pública federal o en el patrimonio de los entes públicos federales, y presentar las denuncias y querellas relativas, así como coadyuvar con el Ministerio Público; en suma, la Auditoría Superior de la Federación es el órgano encargado de salvaguardar la hacienda pública federal o el patrimonio de los entes públicos federales, independientemente de		

	cuál sea el ente fiscalizado al que materialmente pertenezcan los recursos; por tanto, tiene interés jurídico para reclamar el acuerdo que autoriza en definitiva el no ejercicio de la acción penal en vía de amparo indirecto, cuando actúa como denunciante en una averiguación previa con motivo del ejercicio de sus facultades constitucionales de fiscalización; lo que es acorde con los numerales 9o. de la abrogada Ley de Amparo y 7o. de la vigente, ya que con esas facultades comparece a demandar el amparo como representante de la Federación, quien sufre la afectación patrimonial, actuando en un plano de igualdad, al someter su pretensión a la potestad del Ministerio Público de investigar los delitos, de acuerdo al artículo 21 constitucional." Finalmente, al resultar fundados los conceptos de violación analizados, procede conceder el amparo y protección de la Justicia Federal a ***** *** ****** ** ** ******** ** ******* ******** *** ****** ** *******, para el efecto de que el Juez Primero		

	de Control del Segundo Distrito Judicial del Sistema de Justicia Penal Acusatorio y Oral del Estado de Yucatán, con residencia en Kanasín, una vez que cause ejecutoria esta sentencia, y se requiera su cumplimiento: · Deje insubsistente el acuerdo de once de noviembre de dos mil veintidós, emitido en el expedientillo ********. · Dicte otro en el que, atendiendo a los argumentos de esta sentencia, admita el medio de impugnación promovido por el aquí quejoso, y someta a control judicial la determinación reclamada en el indicado expedentillo, resolviendo lo que corresponda. Cabe precisar que los criterios judiciales, anteriores a la Décima Época del Semanario Judicial de la Federación, citados a lo largo de esta sentencia, son aplicables en términos del transitorio sexto, de la Ley de Amparo vigente a partir del tres de abril de dos mil trece,		

	que establece que la jurisprudencia integrada conforme a la ley anterior continuará en vigor en lo que no se oponga a la actual ley de la materia. (...)"		

De dichos criterios, puede advertirse una contradicción en puntos fundamentales tratados por las autoridades que lo resolvieron, incluso quedando de manifiesto en el caso de la queja número: 93/2022, recurso devenido del Juicio de amparo indirecto con expediente 249/2022, y el amparo directo 150/2022, son coincidentes, tanto en la autoridad que los resuelve, como las quejosas que resultan parte en el Juicio, siendo estos, el Tribunal Colegiado en Materias Penal y Administrativa del Decimocuarto Circuito y esta Auditoría Superior del Estado de Yucatán, respectivamente.

4.4. SISTEMATIZACIÓN SILOGÍSTICA DE CADA CRITERIO CITADO Y SU CORRESPONDIENTE ANÁLISIS COMPARATIVO.

Cómo se advirtió en el capítulo que inmediatamente antecede, existe una evidente contradicción entre puntos torales en su forma y fondo respecto de las primera, segunda y cuarta resoluciones enlistadas, para con la tercera, en la que de modo preponderante se han esgrimido y a su vez colisionado en resolución; dialéctica de tres *versus* uno, que nos sirve para exponer los dos extremos desde los que puede concebirse el planteamiento del problema que esta obra ha tratado de exponer; extremos, que a su vez, concluyen en orden de premisa y que pueden ilustrarse del modo siguiente:

(a) Que las personas morales oficiales que de acuerdo a su naturaleza son los órganos de fiscalización, y en los casos particulares que fueron generados, la Auditoría Superior del Estado de Yucatán, acuden al juicio de amparo sucedidos del combate de actos de autoridad provenientes de causas penales iniciadas como parte de sus atribuciones de fiscalizadores y vigilantes del correcto ejercicio de recursos públicos; no en defensa y/o por la protección de una afectación a su patrimonio, sino de aquel de los entes de los que vigilan y fiscalizan el correcto ejercicio de sus recursos y

(b) Que los órganos de fiscalización no se encuentran, o bien se encuentran, en un plano de igualdad respecto de los particulares en el momento en el que combaten un acto de autoridad devenido de causas penales iniciadas como parte de sus atribuciones de fiscalizadores y vigilantes del correcto ejercicio de recursos públicos y por lo tanto,

(c) Les debe asistir o bien, no asistir interés jurídico en el juicio de amparo a los órganos de fiscalización para apersonarse como quejosos en dicha instancia de control constitucional.

Este problema lógico-jurídico es susceptible de plantearse interrogativamente:

¿Los órganos de fiscalización revisten del interés jurídico para colmar la figura de quejoso en el juicio de amparo aún bajo su calidad de persona moral oficial/pública, cuando por sus atribuciones y naturaleza en las instancias penales que inician, incluso tomadas como parte procesal en dichas instancias de origen, es decir, en un trato horizontal a las demás partes procesales, acuden al control constitucional sin que exista afectación de su patrimonio, sino del patrimonio de entes diversos de los cuales tienen la atribución y facultad de auditar y fiscalizar?

– CRITERIO SOSTENIDO POR EL PLENO DE CIRCUITO DEL PRIMER CIRCUITO JUDICIAL:

Respecto de (a), el pleno de circuito referido, resolvió argumentando que:

1. Las facultades inherentes a los órganos de fiscalización, en este caso, la Auditoría Superior de la Federación, o bien, el órgano de fiscalización federal; relativos a determinar los daños y perjuicios sufridos por los entes fiscalizados, o bien al Estado Mexicano en su generalidad, de la que a su vez se desdobla la de interponer denuncias y coadyuvar con el ministerio público para de esta manera iniciar y continuar los correspondientes procesos en materia penal, fungen como atribuciones que al fundarse constitucionalmente, derivan en una delegación de representación de la Federación hacia su órgano de fiscalización superior, para actuar en defensa de su patrimonio. Delibera al respecto el pleno de circuito en su ejecutoria de la tesis:

   (...) Es así, pues de los artículos 74, fracciones II y VI, así como 79 de la Constitución Política de los Estados Unidos Mexicanos, se observa que a la Auditoría Superior de la Federación se le encomendó velar para que el ingreso, egreso, manejo, custodia y aplicación de fondos y recursos federales se ajusten a los lineamientos señalados en el presupuesto, además, de constatar la consecución de los objetivos y las metas contenidas en los programas de gobierno; y derivado de dicha función, los artículos 14, 16 y 45 de la Ley de Fiscalización Superior de la Federación, vigente hasta el 29 de mayo de 2009, otorgaron al ente fiscalizador facultades para determinar los daños y perjuicios sufridos por el Estado en su hacienda pública federal o el patrimonio de los entes públicos federales; fincar responsabilidades resarcitorias; promover el fincamiento de responsabilidades diversas, de las acciones de responsabilidad previstas en el título cuarto de la Constitución, y la de presentar las denuncias y querellas relativas, así como coadyuvar con el Ministerio Público. En suma, la Auditoría Superior de la Federación es el órgano encargado de salvaguardar la hacienda pública federal

> *o el patrimonio de los entes públicos federales, con independencia de cuál sea el ente fiscalizado al que materialmente pertenezcan los recursos. (...)*

Esto nos arroja a la síntesis de argumentos, una nueva figura, que a nuestro juicio resuelve todos los dilemas en cada una de las instancias que se han explorado, esto es; que a juicio de Pleno de Circuito nace a la vida jurídica desde el texto constitucional una *representación y delegación* a la Auditoría Superior de la Federación, que a su vez, permite superar la interpretación literal de la premisa contenida en el artículo 7 de la ley de amparo que restringe el acceso al medio de control constitucional de una persona moral pública al supuesto de que acuda a esa instancia motivada por una afectación a su patrimonio. La ejecutoria del criterio que aquí se analiza, delibera en ese sentido en la misma ejecutoria referida, al tenor literal siguiente:

> *"(...) Por tanto, es precisamente de las facultades constitucionales conferidas a la Auditoría Superior de la Federación, de donde deriva el interés jurídico para reclamar un acuerdo de no ejercicio de la acción penal en vía de amparo, pues si aquélla dentro de sus atribuciones fiscalizadoras se encuentra autorizada para promover la denuncia correspondiente, para coadyuvar con el Ministerio Público, e incluso para emitir su opinión previa respecto de las resoluciones de no ejercicio de la acción penal, es inconcuso que dichos actos tuvieron verificativo a partir de su calidad de garante de la hacienda pública federal o del patrimonio de los entes públicos federales.*
>
> *Lo que es acorde a los numerales 9o. de la anterior Ley de Amparo y 7o. de la actual, dado que en virtud de sus facultades, al referido ente público se le otorga el carácter de representante de la Federación, para actuar en defensa de su patrimonio y, con ese carácter, reclamar el no ejercicio de la acción penal en el juicio de amparo; dicho de otra manera, la legitimación no descansa en la afectación directa de su patrimonio, sino por haberse emitido un acto que afecta el patrimonio de la Federación que constitucionalmente debe salvaguardar como fiscalizador y, por ello, tiene legitimación para combatir el no ejercicio de la acción penal mediante la acción de amparo indirecto.(...) "*

De esa manera, el pleno concluye en su superación de (a)[6], que: *"(...)otorgaron al ente fiscalizador facultades para determinar los daños y perjuicios sufridos por el Estado en su hacienda pública federal o en el patrimonio de los entes públicos federales, y presentar las denuncias y querellas relativas, así como coadyuvar con el Ministerio Público; en suma, la Auditoría Superior de la Federación es el órgano encargado de salvaguardar la hacienda pública federal o el patrimonio de los entes públicos federales, independientemente de cuál sea el ente fiscalizado al que materialmente pertenezcan los recursos (...)"* Lo que en nuestras palabras significa que el Pleno de circuito razona como una delegación de representación expresa de la federación hacia su fiscalizador, con el objeto de la salvaguarda de su patrimonio, patrimonio aquí expresado en sentido *lato*; lo cual supondría una ampliación de fundamento constitucional, hacia la múltiples veces mencionada atribución del mismo ente fiscalizador, para erigirse como una extensión de la misma Federación en lo concerniente a la protección de los entes que tiene como

---

6 El silogismo que se planteó es el siguiente, el cual se encuentra en líneas precedentes, pero se reitera aquí para facilidad de lectura:

(a) Que las personas morales oficiales que de acuerdo a su naturaleza son los órganos de fiscalización, y en los casos particulares que fueron generados, la Auditoría Superior del Estado de Yucatán, no acuden al juicio de amparo sucedidos del combate de actos de autoridad provenientes de causas penales iniciadas como parte de sus atribuciones de fiscalizadores y vigilantes del correcto ejercicio de recursos públicos; en defensa y/o por la protección de una afectación a su patrimonio, sino de aquel de los entes de los que vigilan y fiscalizan el correcto ejercicio de sus recursos y

(b) Que los órganos de fiscalización no se encuentran en un plano de igualdad respecto de los particulares en el momento en el que combaten un acto de autoridad devenido de causas penales iniciadas como parte de sus atribuciones de fiscalizadores y vigilantes del correcto ejercicio de recursos públicos y por lo tanto,

(c) Les debe asistir o bien, no asistir interés jurídico en el juicio de amparo a los órganos de fiscalización para apersonarse como quejosos en dicha instancia de control constitucional.

mandato fiscalizar, y por lo tanto, sería tan legítimo, legal y constitucional, afirmar que los órganos de fiscalización, al ejercer sus funciones, estarían en una calidad de representación de la misma federación, incluso del mismo Estado mexicano, otorgada constitucionalmente, lo que trasciende la interpretación cerrada desde la que (A) sería: Las personas morales únicamente pueden acceder al Juicio de amparo en defensa de su patrimonio, (B) los órganos de fiscalización en los asuntos inherentes a sus funciones de vigilancia y correcta administración de los recursos públicos, no involucran su patrimonio como parte de dichos asuntos y por lo tanto (C) no les asiste interés jurídico ni legítimo para acceder al Juicio de amparo y entonces no agotan la calidad de quejosos; superando con este argumento de *delegación y representación* el escollo lógico planteado desde esa mera literalidad; desde otro ángulo, con miras a resolver esa problemática, el enfoque del Pleno de Circuito en su desarrollo lógico expone que (A) Las personas morales únicamente pueden acceder al Juicio de amparo en defensa de su patrimonio, (B) Los órganos de fiscalización en el ejercicio de sus funciones revisten de una representación otorgada constitucionalmente por la federación, e incluso por el Estado mexicano de modo *lato*, para salvaguardar su patrimonio, aquí refiriendo a su patrimonio en sentido amplio también, y por lo tanto (C) Los órganos de fiscalización agotan la calidad de quejoso por revestir interés jurídico devenido de la representación constitucional de la federación/Estado Mexicano en la salvaguarda del propio patrimonio de los segundos para de este modo agotar la calidad de quejosos en el juicio de amparo.

2. Prosiguiendo con la argumentación del pleno de circuito, relativo a (b) de nuestro problema silogístico de base e inserto al inicio de este capítulo, la autoridad judicial parte de ponderar que al órgano de fiscalización le asiste una calidad especial en el procedimiento penal, calidad que encuentra sustento en su figura de denunciante y coadyuvante del ministerio público, pero que trasciende

a esa mera figura de *denunciante,* como ya se ha expuesto y reiterado a lo largo de este ensayo; toda vez que las correspondientes instancias en materia penal, como es la del caso que nos ocupa, parten de hechos y/o conductas de las que la Auditoría tuvo conocimiento y se relacionan como parte de su función fiscalizadora. Lo novedoso de traer a colación este elemento de la figura de los órganos de fiscalización en sede ministerial y en sede judicial en materia penal, es con el objeto justificar la horizontalidad requerida en el artículo 7 de la Ley de Amparo que agota el órgano de fiscalización, al subsumirse desde dicho raciocinio, a su favor, el de una posición que se desempeña en una igualdad respecto de las demás partes procesales en el procedimiento penal; desde dicha reflexión el pleno de circuito arriba a concluir que el órgano de fiscalización federal se asentó en un plano de igualdad, y por lo tanto, en una categoría análoga a la de un gobernado. La reflexión del pleno en el engrose de su resolución, a este respecto, se planteó de la siguiente manera:

"Asimismo, en el supuesto que se analiza, la Auditoría Superior de la Federación -en su carácter de denunciante y coadyuvante ante el Ministerio Público- actúa en un plano de igualdad con los gobernados, al someterse a la potestad ministerial, quien determinará la procedencia de esa petición; de esta manera, si el Ministerio Público decide no ejercer acción penal, el ente fiscalizador cuenta con interés jurídico por afectarle esa determinación, pues como cualquier particular pretende que se sancionen las conductas -penalmente relevantes- que le causaron un perjuicio al patrimonio del que es garante en virtud de las facultades constitucionales conferidas.

Aquí es conveniente tener presente lo que disponen los antedichos preceptos:

Ley de Amparo (abrogada)

"Artículo 9o. Las personas morales oficiales podrán ocurrir en demanda de amparo, por conducto de los funcionarios o re-

presentantes que designen las leyes, cuando el acto o la ley que se reclame afecte los intereses patrimoniales de aquéllas.

"Las personas morales oficiales estarán exentas de prestar las garantías que en esta ley se exige a las partes."

Ley de Amparo (vigente)

"Artículo 7o. La Federación, los Estados, el Distrito Federal, los Municipios o cualquier persona moral pública podrán solicitar amparo por conducto de los servidores públicos o representantes que señalen las disposiciones aplicables, cuando la norma general, un acto u omisión los afecten en su patrimonio respecto de relaciones jurídicas en las que se encuentren en un plano de igualdad con los particulares.

"Las personas morales oficiales estarán exentas de prestar las garantías que en esta ley se exige a las partes."

Es más, el artículo 107, fracción VII, de la Ley de Amparo en vigor, señala que procede el juicio de amparo indirecto contra el no ejercicio o el desistimiento de la acción penal, pero no limita a que sea la víctima o el ofendido quienes estén legitimados para promoverlo, por tanto, ésta es una razón adicional para considerar que la Auditoría Superior de la Federación, aunque no tenga ese carácter (de víctima u ofendido), dado que constitucionalmente se le confirió la protección del patrimonio de las entidades públicas, tiene interés jurídico para demandar el amparo contra las determinaciones que lo afecten.

Sirve de apoyo a lo anterior, lo resuelto en la contradicción de tesis 345/2010, de la que emanó la jurisprudencia 1a./J. 21/2011, emitida por la Primera Sala de la Suprema Corte de Justicia de la Nación, registro digital: 162332, visible en la página 199, Tomo XXXIII, correspondiente a abril de dos mil once, del Semanario Judicial de la Federación y su Gaceta, Novena Época, materia común, que indica:

"ÓRGANO DE FISCALIZACIÓN SUPERIOR DEL CONGRESO DE GUANAJUATO. ESTÁ LEGITIMADO PARA PROMOVER JUICIO DE AMPARO DIRECTO CONTRA LA SENTENCIA DE-

FINITIVA QUE RESUELVE UN JUICIO ORDINARIO CIVIL DE PAGO DE DAÑOS Y PERJUICIOS EN DETRIMENTO DEL ERARIO PÚBLICO.-El Órgano de Fiscalización Superior del Estado de Guanajuato sí está legitimado para promover el juicio de amparo en contra de la sentencia definitiva que resuelve una acción de pago de daños y perjuicios por desvío de recursos públicos, puesto que el acto reclamado afecta los intereses patrimoniales del Estado y la naturaleza del acto en sí mismo carece de imperio, aunque derive de funciones de derecho público, realizadas por dicho órgano, puesto que se trata de una acción que en la vía ordinaria civil interpuso un órgano del Estado ante un tribunal judicial. En consecuencia, será el tribunal judicial quien resolverá en forma definitiva si se ocasionaron o no daños y perjuicios al Estado, y en caso de considerarlo procedente, será la sentencia judicial la que condenará al pago del monto que determine el propio tribunal con base en el material probatorio."

Así, tenemos que de la referida tesis se advierte que el Órgano de Fiscalización Superior del Estado de Guanajuato está legitimado para interponer el juicio de amparo en el proceso civil en el que fungió como demandante en contra de funcionarios públicos, reclamando el pago de daños y perjuicios ocasionados a la hacienda pública, por el mal uso de recursos públicos, derivado de las facultades fiscalizadoras, en términos de lo que prevé el artículo 52, en relación con el 44, ambos de la Ley de Fiscalización Superior del Estado de Guanajuato,(7) aun cuando expresamente en dichos artículos no se establezca que tiene esa legitimación, como también sucede en el caso que se analiza. (...)

3. La resolución del silogismo planteado, (c) es concluido de la siguiente manera por el propio pleno de circuito:

"(...) De los artículos 74, fracciones II y VI, así como 79 de la Constitución Política de los Estados Unidos Mexicanos, se observa que a la Auditoría Superior de la Federación se encomendó la facultad de velar para que el ingreso, egreso, manejo, custodia y aplicación de fondos y recursos federales se ajusten a los lineamientos señalados en el presupuesto, además de constatar la consecución de los objetivos y las metas contenidas en los programas de gobierno; y derivado de dicha función, los artículos 14, 16 y 45 de la Ley de Fiscalización Superior de la

Federación, vigente hasta el 29 de mayo de 2009, otorgaron al ente fiscalizador facultades para determinar los daños y perjuicios sufridos por el Estado en su hacienda pública federal o en el patrimonio de los entes públicos federales, y presentar las denuncias y querellas relativas, así como coadyuvar con el Ministerio Público; en suma, la Auditoría Superior de la Federación es el órgano encargado de salvaguardar la hacienda pública federal o el patrimonio de los entes públicos federales, independientemente de cuál sea el ente fiscalizado al que materialmente pertenezcan los recursos; por tanto, tiene interés jurídico para reclamar el acuerdo que autoriza en definitiva el no ejercicio de la acción penal en vía de amparo indirecto, cuando actúa como denunciante en una averiguación previa con motivo del ejercicio de sus facultades constitucionales de fiscalización; lo que es acorde con los numerales 9o. de la abrogada Ley de Amparo y 7o. de la vigente, ya que con esas facultades comparece a demandar el amparo como representante de la Federación, quien sufre la afectación patrimonial, actuando en un plano de igualdad, al someter su pretensión a la potestad del Ministerio Público de investigar los delitos, de acuerdo al artículo 21 constitucional. (...)"

Lo que, finalmente concede interés jurídico y legitimación a los órganos de fiscalización para ser quejosos en el juicio de amparo, en este caso, como parte del combate de un acto de autoridad en un momento procesal del proceso penal.

– PRIMER CRITERIO SOSTENIDO POR EL TRIBUNAL COLEGIADO EN MATERIAS PENAL Y ADMINISTRATIVA DEL DECIMOCUARTO CIRCUITO EN LA RESOLUCIÓN DE LA QUEJA NÚMERO: 93/2022.

1. Inicialmente el Colegiado esbozó un criterio de considerable similitud al analizado en el apartado anterior. En cuanto a la resolución de (a), el Tribunal resolvió desde una dialéctica en la que en primer término expuso la función y naturaleza de atribuciones de Esta Auditoría Superior del Estado de Yucatán, y argumentó en su resolución:

> *(...) En ese tenor, se aprecia que tal como aduce la parte allá denunciante, aquí recurrente, en términos de la fracción VI, del artículo 78, la Ley de Fiscalización de la Cuenta Pública del Estado de Yucatán , ésta resulta la garante de la hacienda pública para, hacer del conocimiento a la autoridad competente de la posible comisión de hechos delictuosos en términos de esa legislación, esto es, que representa las competencias o derechos que se comprenden dentro del patrimonio estatal que representa (no necesariamente su patrimonio directo), aunado a que el acto reclamado, consistente en la confirmación de un auto de no vinculación a proceso dictado en favor de probables imputados, está sometido a la potestad de la diversa autoridad señalada como responsable, Segunda Sala Colegiada del Sistema de Justicia Penal Acusatorio del Tribunal Superior de Justicia del Estado de Yucatán, ello, en la inteligencia que, hasta el estado procesal que guarda el juicio de amparo, la relación subyacente en el proceso penal relativo, no se aprecia fehacientemente que (sin perjuicio que, a la postre se pudiera advertir), la parte aquí recurrente, acuda a emitir un acto emitido dentro de las funciones públicas que tiene encomendadas. (...)*

De alguna manera, el Tribunal en este razonamiento únicamente desdobla lo que de modo literal supone la naturaleza de la labor de fiscalización, específicamente en su vertiente de auditoría externa, también conocido desde dicho argot, como *fiscalización externa o superior*[7] toda vez que la Auditoria Superior

---

7 Conviene en este sentido ahondar en la expresión "fiscalización superior", debido a que esta expresión se caracteriza por la existencia de un "ente" ajeno a la propia institución que se fiscaliza, es decir, se contraponer a la expresión "control interno" en la medida que este último es ejercido desde vertientes, normalmente preventivas, por la propia institución y para la propia institución. En ese sentido la "Norma Profesional del Sistema Nacional de Fiscalización No. 1", expone en su tratamiento sobre los conceptos de Auditoría interna y Fiscalización Externa: "Los órganos responsables de la auditoría interna se establecen en el seno de los diferentes entes públicos; los organismos fiscalizadores externos no pertenecen al ente público."

del Estado vigila y fiscaliza los recursos y patrimonio de entidades ajenas al propio lo que a su vez conlleva que al acudir a instancias administrativas y jurisdiccionales como parte de dichas funciones, tal y como ya se ha argumentado en el apartado que inmediatamente antecede. Desde tal razonamiento, el Tribunal Colegiado, resalta lo que de alguna manera es aceptado desde las cuatro perspectivas aquí analizadas, es decir, que la Auditoría Superior del Estado de Yucatán no acudió ante la autoridad ministerial y posteriormente judicial, como parte de la defensa de su patrimonio, y expone el basamento de la tesis inicial que pretende colisionar con las subsecuentes, invocando la tesis de la Primera Sala de la Suprema Corte de Justicia de la Nación que a continuación se inserta:

> *"LEGITIMACIÓN PARA PROMOVER JUICIO DE AMPARO INDIRECTO CONTRA LA CONFIRMACIÓN POR PARTE DEL JUEZ DE CONTROL DE LA DETERMINACIÓN DEL MINISTERIO PÚBLICO DE ABSTENERSE DE INVESTIGAR HECHOS PROBABLEMENTE DELICTIVOS. CUENTAN CON ELLA LAS SECRETARÍAS DE ESTADO EN SU CARÁCTER DE OFENDIDAS, CUANDO SE AFECTA EL PATRIMONIO DEL PODER EJECUTIVO, AL QUE REPRESENTAN.*
>
> *Hechos: Una Secretaría de Estado, en representación del Poder Ejecutivo, ante su obligación de administrar, manejar, custodiar y atender la debida aplicación de los recursos federales a los programas en beneficio de las personas a los que se dirigen, acudió como ofendida ante el Ministerio Público a denunciar hechos probablemente delictivos, que producen menoscabo al erario público (desvío de recursos públicos); sin embargo, la representación social le notificó el acuerdo de abstención de investigar los hechos denunciados, el cual fue confirmado por el Juez de Control y en contra de esta decisión promovió juicio de amparo indirecto. El Juez de Distrito sobreseyó en el juicio, al estimar que se actualizó la causal de improcedencia prevista en el artículo 61, fracción XXIII, en relación con el diverso 7o., ambos de la Ley de Amparo, en virtud de que dicha persona moral oficial carecía de legitimación para promoverlo. Inconforme con esta determinación, interpuso recurso de revisión.*

Criterio jurídico: Este Tribunal Colegiado de Circuito determina que las Secretarías de Estado, cuando acuden a denunciar hechos probablemente delictivos que afectan el patrimonio de quien representan (Poder Ejecutivo), se ubican en un plano de igualdad frente a los probables imputados, por lo que tienen legitimación para promover juicio de amparo indirecto contra la determinación del Juez de Control de confirmar la resolución del Ministerio Público sobre la abstención de investigarlos, al intervenir con el carácter de ofendidas en el procedimiento penal.

Justificación: Lo anterior, pues la Primera Sala de la Suprema Corte de Justicia de la Nación, en la tesis de jurisprudencia 1a./J. 16/2018 (10a.), de título y subtítulo:

"PERSONA MORAL OFICIAL. CUANDO ES PARTE DE UN PROCEDIMIENTO JURISDICCIONAL TIENE LEGITIMACIÓN PARA PROMOVER EL JUICIO DE AMPARO, SIEMPRE Y CUANDO DE LA RELACIÓN SUBYACENTE NO SE ADVIERTA QUE ACUDE A DEFENDER UN ACTO EMITIDO DENTRO DE LAS FUNCIONES PÚBLICAS QUE TIENE ENCOMENDADAS.", sostiene que el artículo 7o. de la Ley de Amparo reconoce que existen casos en los que se requiere la intervención de la Justicia Federal a través del juicio de amparo, para evitar la imposición arbitraria de actos de ciertas autoridades que transgredan derechos de otras autoridades, para lo cual exige dos elementos: I) la existencia de una afectación patrimonial; y, II) que ésta se actualice en una relación en la que la autoridad se encuentre en un plano de igualdad con los particulares. En este sentido, de la interpretación de ambos supuestos concluyó que una persona moral oficial puede promover el juicio de amparo cuando exista una afectación patrimonial, es decir, una vulneración a alguna de las facultades, competencias o derechos que se comprenden dentro de su patrimonio, lo cual puede traducirse en términos monetarios y, además, dicha afectación debe darse en una relación jurídica en la que se encuentre en un plano de igualdad con los particulares y, por ende, subordinada frente a otra autoridad que, con imperio, le impone un acto de forma unilateral. Bajo ese contexto, se actualizan dichos supuestos jurídicos cuando una Secretaría de Estado, en representación del Ejecutivo, denuncia hechos probablemente delictivos que produzcan una afectación al patrimonio de ese Poder, al ubicarse en ese supuesto en un plano de igualdad frente a los probables imputados, en razón de que se somete a la jurisdicción de la

autoridad facultada para realizar dicha investigación y después ante el Juez de Control (autoridad judicial) al impugnar, en su calidad de ofendida, las determinaciones de la Fiscalía de abstenerse de investigar los hechos denunciados, conforme al artículo 258 del Código Nacional de Procedimientos Penales."

Subsecuentemente, el Tribunal delibera en lo que a la postre tomó como medular para resolver los agravios de la Auditoría Superior del Estado de Yucatán en dicho recurso de queja en amparo, como *substancialmente* fundados, entre lo que incluyó incluso, la tesis jurisprudencial del primer circuito que aquí ya se analizó:

"(...)

En una porción de sus agravios, la recurrente afirma que contrario a lo sustentado en el acuerdo recurrido, la determinación que confirmó el auto de no vinculación a proceso señalada como acto reclamado, sí le causa agravio y, además cuenta con interés jurídico para promover el juicio de amparo, atento al criterio sustentado por el Pleno en Materia Penal del Primer Circuito en la ejecutoria con rubro y texto siguientes:

"AUDITORÍA SUPERIOR DE LA FEDERACIÓN. TIENE INTERÉS JURÍDICO PARA PROMOVER JUICIO DE AMPARO INDIRECTO CONTRA EL ACUERDO QUE AUTORIZA EN DEFINITIVA EL NO EJERCICIO DE LA ACCIÓN PENAL, CUANDO ACTÚA COMO DENUNCIANTE EN UNA AVERIGUACIÓN PREVIA CON MOTIVO DEL EJERCICIO DE SUS FACULTADES CONSTITUCIONALES DE FISCALIZACIÓN.

De los artículos 74, fracciones II y VI, así como 79 de la Constitución Política de los Estados Unidos Mexicanos, se observa que a la Auditoría Superior de la Federación se encomendó la facultad de velar para que el ingreso, egreso, manejo, custodia y aplicación de fondos y recursos federales se ajusten a los lineamientos señalados en el presupuesto, además de constatar la consecución de los objetivos y las metas contenidas en los programas de gobierno; y derivado de dicha función, los artículos 14, 16 y 45 de la Ley de Fiscalización Superior de la Federación, vigente hasta el 29 de mayo de 2009, otorgaron al ente fiscalizador facultades para determinar los daños y perjuicios sufridos por el Estado en su hacienda pública federal o en el patrimonio de los entes públicos federales, y presentar las denuncias y querellas relativas, así como coadyuvar con el Ministerio Público; en suma, la Auditoría Superior de la Federación es el órgano encargado de salvaguardar la hacienda pública federal o el patrimonio de los entes públicos federales, independientemente de cuál sea el ente fiscalizado al que materialmente pertenezcan los recursos; por tanto, tiene interés jurídico para reclamar el acuerdo que autoriza en definitiva el no ejercicio de la acción penal en vía de amparo indirecto, cuando actúa como denunciante en una averiguación previa con motivo del ejercicio de sus facultades constitucionales de fiscalización; lo que es acorde con los numerales 9o. de la abrogada Ley de Amparo y 7o. de la vigente, ya que con esas facultades comparece a demandar el amparo como representante de la Federación, quien sufre la afectación patrimonial, actuando en un plano de igualdad, al someter su pretensión a la potestad del Ministerio Público de investigar los delitos, de acuerdo al artículo 21 constitucional."

Al respecto, la parte inconforme señala que en la jurisprudencia en cita, se analiza un caso análogo al planteado en la demanda del juicio de amparo del que deriva el presente medio de impugnación, donde se reconoce a su homólogo federal en su carácter de denunciante, con interés jurídico para combatir en amparo indirecto el acuerdo que autoriza en definitiva el no ejercicio de la acción penal que, en su opinión se equipara a la determinación que confirmó el auto de no vinculación a proceso señalada como acto reclamado en el presente asunto.

Asimismo, la parte recurrente refiere que el caudal argumentativo del acuerdo recurrido, no encuentra identidad con el caso concreto, ya que ahí se citaron diversas tesis y jurisprudencias con la intención de sustentar, la falta de legitimación de la autoridad hacendaria como parte denunciante de la afectación al patrimonio nacional, pero, el Juez de Distrito soslayó que la actividad de la autoridad hacendaria es primordialmente recaudatoria, la cual, difiere de las actividades de auditoría y fiscalización propias de los órganos de Fiscalización Superior que la parte aquí disidente representa, aunado a que contrario a lo sustentado en el acuerdo recurrido, en cuanto a la no afectación al patrimonio del entes fiscalizador, en la especie, las labores de fiscalización del caso atinentes a hechos previstos en la ley como delitos, se desarrollaron como un elemento sin el cual no, podría realizar sus funciones vinculadas a la erogación, manejo y empréstitos de fondos públicos de otras personas morales oficiales como garante de la hacienda estatal, en términos de los artículos 79, fracción I de la Constitución Federal; 43 Bis de la Constitución Política del Estado de Yucatán, así como 78, fracción VII y 115, fracciones III y IV penúltimo párrafo de la Ley de Fiscalización de la Cuenta Pública del Estado de Yucatán.

Resulta sustancialmente fundado lo anterior y, suficiente para declarar fundado el presente medio de impugnación, por las razones siguientes.

El artículo 7, de la Ley de Amparo, es del tenor literal siguiente:

"Artículo 7o. La Federación, los Estados, el Distrito Federal, los municipios o cualquier persona moral pública podrán solicitar amparo por conducto de los servidores públicos o representantes que señalen las disposiciones aplicables, cuando la norma general, un acto u omisión los afecten en su patrimonio respecto de relaciones jurídicas en las que se encuentren en un plano de igualdad con los particulares.

Las personas morales oficiales estarán exentas de prestar las garantías que en esta Ley se exige a las partes. (...)"

De esto se colige una alineación de criterio por parte del Colegiado para con el pleno de circuito, incluso con la pretensión de reforzar dicha adhesión, exponiendo las implicaciones de privar el acceso al control constitucional que supone el juicio de amparo, reforzando incluso con tesis aislada en el sentido literal siguiente, y que se reitera:

" (...) De esa manera, se colige que en la especie, se actualizan los extremos contenidos en la jurisprudencia 1a./J. 16/2018 (10a.) de previa cita, donde la Primera Sala de la Suprema Corte de Justicia de la Nación, se ha pronunciado en el sentido que existen casos en los que se requiere la promoción del juicio de

amparo, para evitar la imposición arbitraria de actos de ciertas autoridades que transgredan derechos de otras autoridades.

Por compartir su sentido jurídico, se cita la tesis con título y contenido siguientes:

"LEGITIMACIÓN PARA PROMOVER JUICIO DE AMPARO INDIRECTO CONTRA LA CONFIRMACIÓN POR PARTE DEL JUEZ DE CONTROL DE LA DETERMINACIÓN DEL MINISTERIO PÚBLICO DE ABSTENERSE DE INVESTIGAR HECHOS PROBABLEMENTE DELICTIVOS. CUENTAN CON ELLA LAS SECRETARÍAS DE ESTADO EN SU CARÁCTER DE OFENDIDAS, CUANDO SE AFECTA EL PATRIMONIO DEL PODER EJECUTIVO, AL QUE REPRESENTAN.

Hechos: Una Secretaría de Estado, en representación del Poder Ejecutivo, ante su obligación de administrar, manejar, custodiar y atender la debida aplicación de los recursos federales a los programas en beneficio de las personas a los que se dirigen, acudió como ofendida ante el Ministerio Público a denunciar hechos probablemente delictivos, que producen menoscabo al erario público (desvío de recursos públicos); sin embargo, la representación social le notificó el acuerdo de abstención de investigar los hechos denunciados, el cual fue confirmado por el Juez de Control y en contra de esta decisión promovió juicio de amparo indirecto. El Juez de Distrito sobreseyó en el juicio, al estimar que se actualizó la causal de improcedencia prevista en el artículo 61, fracción XXIII, en relación con el diverso 7o., ambos de la Ley de Amparo, en virtud de que dicha persona moral oficial carecía de legitimación para promoverlo.

Inconforme con esta determinación, interpuso recurso de revisión. Criterio jurídico: Este Tribunal Colegiado de Circuito determina que las Secretarías de Estado, cuando acuden a denunciar hechos probablemente delictivos que afectan el patrimonio de quien representan (Poder Ejecutivo), se ubican en un plano de igualdad frente a los probables imputados, por lo que tienen legitimación para promover juicio de amparo indirecto contra la determinación del Juez de Control de confirmar la resolución del Ministerio Público sobre la abstención de investigarlos, al intervenir con el carácter de ofendidas en el procedimiento penal.

> *Justificación: Lo anterior, pues la Primera Sala de la Suprema Corte de Justicia de la Nación, en la tesis de jurisprudencia 1a./J. 16/2018 (10a.), de título y subtítulo:*
>
> *"PERSONA MORAL OFICIAL. CUANDO ES PARTE DE UN PROCEDIMIENTO JURISDICCIONAL TIENE LEGITIMACIÓN PARA PROMOVER EL JUICIO DE AMPARO, SIEMPRE Y CUANDO DE LA RELACIÓN SUBYACENTE NO SE ADVIERTA QUE ACUDE A DEFENDER UN ACTO EMITIDO DENTRO DE LAS FUNCIONES PÚBLICAS QUE TIENE ENCOMENDADAS.", sostiene que el artículo 7o. de la Ley de Amparo reconoce que existen casos en los que se requiere la intervención de la Justicia Federal a través del juicio de amparo, para evitar la imposición arbitraria de actos de ciertas autoridades que transgredan derechos de otras autoridades, para lo cual exige dos elementos: I) la existencia de una afectación patrimonial; y, II) que ésta se actualice en una relación en la que la autoridad se encuentre en un plano de igualdad con los particulares. En este sentido, de la interpretación de ambos supuestos concluyó que una persona moral oficial puede promover el juicio de amparo cuando exista una afectación patrimonial, es decir, una vulneración a alguna de las facultades, competencias o derechos que se comprenden dentro de su patrimonio, lo cual puede traducirse en términos monetarios y, además, dicha afectación debe darse en una relación jurídica en la que se encuentre en un plano de igualdad con los particulares y, por ende, subordinada frente a otra autoridad que, con imperio, le impone un acto de forma unilateral. Bajo ese contexto, se actualizan dichos supuestos jurídicos cuando una Secretaría de Estado, en representación del Ejecutivo, denuncia hechos probablemente delictivos que produzcan una afectación al patrimonio de ese Poder, al ubicarse en ese supuesto en un plano de igualdad frente a los probables imputados, en razón de que se somete a la jurisdicción de la autoridad facultada para realizar dicha investigación y después ante el Juez de Control (autoridad judicial) al impugnar, en su calidad de ofendida, las determinaciones de la Fiscalía de abstenerse de investigar los hechos denunciados, conforme al artículo 258 del Código Nacional de Procedimientos Penales. (...)"*

Por lo tanto, derivado de este criterio del Tribunal, se colige que este dilucida y supera la premisa (a) desde un punto fundamentalmente igual al del criterio que previamente fue expuesto, pero con el agregado, de que el Colegiado es consciente de la arbitrariedad que supondría el cancelar genéricamente el acceso al juicio de amparo de una persona moral oficial.

2. Ahora bien, por lo que concierne a (b), el Colegiado en la resolución de recurso de queja, confronta el dilema que representa la posición que ocupa este órgano de fiscalización local respecto de los demás gobernados, para de esta manera subsumir los requisitos señalados por la legislación y otorgarle acceso al juicio de garantías en el sentido siguiente:

"(...) En el anterior contexto, se destaca que una persona moral oficial puede promover el juicio de amparo, cuando exista una afectación patrimonial, es decir, una vulneración a alguna de las facultades, competencias o derechos que se comprenden dentro de su patrimonio y, además, dicha afectación debe darse en una relación jurídica en la que se encuentre en un plano de igualdad con los particulares y, por ende, subordinada frente a otra autoridad que, con imperio, le impone un acto de forma unilateral.

*En el caso a estudio, del sumario se aprecia que, la resolución reclamada en el juicio de amparo del que deriva el presente recurso de queja, esto es, la de trece de diciembre de dos mil veintiuno, emitida en el toca penal *******, del índice de la Segunda Sala Colegiada del Sistema de Justicia Penal Acusatorio del Tribunal Superior de Justicia del Estado de Yucatán, residente en esta ciudad, en la que se confirmó el auto de no vinculación a proceso de nueve de agosto de dos mil veintiuno, dictado por el Juez Primero de Control del Primer Distrito Judicial del Sistema de Justicia Penal Acusatorio y Oral*

*del Estado de Yucatán, en la carpeta administrativa ********, se dictó en favor ****** ******* ***** ****** y ***** ***** ******* ****, a quienes de manera correlativa con título de probabilidad se les imputó los delitos de EJERCICIO ABUSIVO DE FUNCIONES y, USO ILÍCITO DE ATRIBUCIONES Y FACULTADES, por hechos denunciados por el Auditor Superior del Estado de Yucatán, vinculados con el manejo de los recursos económicos otorgados a la administración ********* del ************ ** *********, Yucatán.*

En ese tenor, se aprecia que tal como aduce la parte allá denunciante, aquí recurrente, en términos de la fracción VI, del artículo 78, la Ley de Fiscalización de la Cuenta Pública del Estado de Yucatá, ésta resulta la garante de la hacienda pública para, hacer del conocimiento a la autoridad competente de la posible comisión de hechos delictuosos en términos de esa legislación, esto es, que representa las competencias o derechos que se comprenden dentro del patrimonio estatal que representa (no necesariamente su patrimonio directo), aunado a que el acto reclamado, consistente en la confirmación de un auto de no vinculación a proceso dictado en favor de probables imputados, está sometido a la potestad de la diversa autoridad señalada como responsable, Segunda Sala Colegiada del Sistema de Justicia Penal Acusatorio del Tribunal Superior de Justicia del

Estado de Yucatán, ello, en la inteligencia que, hasta el estado procesal que guarda el juicio de amparo, la relación subyacente en el proceso penal relativo, no se aprecia fehacientemente que (sin perjuicio que, a la postre se pudiera advertir), la parte aquí recurrente, acuda a emitir un acto emitido dentro de las funciones públicas que tiene encomendadas. (…)"

Por lo tanto, el tribunal resuelve en el sentido de que este órgano de fiscalización acude ante una instancia en igualdad procesal, ante autoridad diversa, y por lo tanto comparte con ciertas equivalencias que esta Auditoría da por cumplido el requisito establecido por el multicitado numeral 7 de la Ley de amparo.

3. Finalmente, la resolución del silogismo que ha servido de guía para la ponderación de cada criterio aquí analizado, otorga el interés jurídico a esta auditoría y por lo tanto, a juicio, inicialmente, del Tribunal asistió la calidad de quejosa a esta Auditoría en aquel juicio de amparo y del que fue necesaria la interposición de recurso queja puesto que fue denegado dicho acceso a juicio de amparo por el Juez de Distrito en la instancia primigenia. Se transcribe resolutivo de la queja abordada:

"(…) DECISIÓN.- En las relatadas consideraciones, con fundamento en el artículo 103, de la Ley de Amparo, lo que se im-

pone es DECLARAR FUNDADO el presente recurso de queja, para el efecto de que el Juez de Distrito provea lo conducente a la admisión de la demanda de amparo, toda vez que se actualiza un caso de excepción a la regla general de no reenvío, al no poder este Tribunal asumir la jurisdicción que a dicho juzgador corresponde. (...)"

– SEGUNDO CRITERIO SOSTENIDO POR EL TRIBUNAL COLEGIADO EN MATERIAS PENAL Y ADMINISTRATIVA DEL DECIMOCUARTO CIRCUITO EN LA RESOLUCIÓN DEL AMPARO DIRECTO: 150/2022.

1. Ahora bien, abordamos el criterio restante, el cual resulta el único discordante en el estudio que se aborda. En esta resolución, el Tribunal Colegiado, entra al Estudio de (a), en un ánimo y criterio que se ubica en las antípodas de lo que previamente resolvió en la resolución de queja ya estudiada, incluso sobreseyendo el juicio de garantías, aperturando la argumentación de la manera siguiente:

(...) Marco jurídico y jurisprudencial:

Como ya se anticipó, el presente juicio de amparo es improcedente y para sustentarlo importa señalar que el artículo 7 de la Ley de Amparo, establece una hipótesis de legitimación para que las personas morales oficiales puedan solicitar amparo para impugnar afectaciones que puede ocasionarles otra autoridad mediante un acto, una norma o una omisión.

Se trata pues de un presupuesto procesal que exige a una autoridad que acredite una afectación patrimonial dentro de una relación en la que se encuentra en un plano de igualdad; limitante que se justifica, en atención a que la Federación, los Estados, la Ciudad de México, los Municipios o cualquier persona moral pública no pueden considerarse titulares de derechos humanos; empero, la Ley de Amparo reconoce que existen casos en los que se requiere la intervención de la Justicia Federal, a través del juicio de amparo, para evitar la imposición arbitraria de actos por ciertas autoridades que transgredan derechos de otras autoridades, para lo cual exige dos requisitos: 1) la existencia de una afectación patrimonial y 2) que dicha afectación se actualice en una relación en la que la autoridad se encuentre en un plano de igualdad con los particulares.

"ARTÍCULO 7.- La Federación, los Estados, el Distrito Federal, los municipios o cualquier persona moral pública podrán solicitar amparo por conducto de los servidores públicos o representantes que señalen las disposiciones aplicables, cuando la norma general, un acto u omisión los afecten en su patrimonio respecto de relaciones jurídicas en las que se encuentren en un plano de igualdad con los particulares.

Las personas morales oficiales estarán exentas de prestar las garantías que en esta Ley se exige a las partes."

Al respecto, en la jurisprudencia 1a./J. 16/2018 (10a. –Gaceta del Semanario Judicial de la Federación, Libro 55, junio de 2018, Tomo II, página 875-), la Primera Sala de la Suprema Corte de Justicia de la Nación estableció, con base en la interpretación de los señalados requisitos, que una persona moral oficial puede promover el juicio de amparo cuando exista una afectación patrimonial, es decir, una vulneración a alguna de las facultades, competencias o derechos que se comprenden dentro de su patrimonio, lo cual puede traducirse en términos monetarios (…)

Pues bien, no obstante la facultad constitucional de la quejosa (Auditoría Superior del Estado de Yucatán) para fiscalizar el manejo, la custodia y la aplicación de los fondos y recursos públicos municipales y denunciar ante la Fiscalía Especializada en Combate a la Corrupción las responsabilidades penales que resulten de esa labor dirigidas a la imposición de las sanciones que correspondan a los servidores públicos y a los particulares, sin embargo, de conformidad al comentado artículo 7, párrafo primero, de la Ley de Amparo, carece de legitimación -en su calidad de persona moral oficial- para presentar demanda de amparo impugnando afectaciones que pudiera ocasionarle aquel acto de autoridad emitido en grado de apelación por la Sala responsable, por dos motivos fundamentales: I) .- Porque tales afectaciones no se actualizan en una relación en la que la mencionada Auditoría Superior se encuentre en un plano de igualdad frente a los servidores públicos o particulares señalados como probables responsables en el proceso penal, (...)

*En efecto, aun cuando la Auditoría Superior quejosa denunció penalmente a diversas personas servidoras públicas municipales ante la Fiscalía investigadora por considerar que se cometieron hechos que el código punitivo local señala como delitos, sin embargo, esa denuncia la formuló en su carácter de órgano público fiscalizador y de representante de los intereses patrimoniales del Ayuntamiento de ******, Yucatán (sujeto pasivo) con base en el ejercicio de las facultades fiscalizadoras que con imperio realiza en relación al adecuado manejo y aplicación de los fondos y recursos públicos municipales,* ***y no como particular defendiendo derechos privados o patrimoniales del ente que representa, dado que las cantidades de dinero que probablemente se desviaron de los programas municipales, no forman parte de su patrimonio como persona moral oficial, sino que involucra recursos precisamente municipales (como incluso reconoce la quejosa en su demanda de amparo)****; razón por la que debe concluirse de manera indiscutible que, en la especie, la quejosa no actuó con la calidad de víctima u ofendida, que a su vez le permitiera acudir al juicio de amparo para sostener la ilegalidad del auto de no vinculación reclamado. (...)"*

Cómo se colige, el Tribunal Colegiado partió de la posición contrapuesta en cada concepto interpretado a su resolución pretérita, incluso *contra* su mismo criterio antes sentado, de tal modo que en la queja, estimó y valoró el elemento del patrimonio del órgano de fiscalización como presupuesto del numeral 7 de la ley de amparo, desde la amplitud de considerar el otorgamiento de facultades originada desde la misma norma suprema por parte del Estado Mexicano a los órganos de fiscalización, razonamiento desde el cual supera lo que es obvio: que el patrimonio de los órganos de fiscalización es diverso de las entidades que fiscaliza, y estamos más bien ante una representación del primero (el Estado Mexicano y/o la federación) delegada a los segundos (los órganos de fiscalización), en vigilancia y protección de su patrimonio, para de esta manera trascender al hermetismo y la literalidad de la posición contraria que estaría delimitada a valorar que el acceso al juicio de garantías de las auditorías, locales y la federal, en lo que concierne a su intervención de las auditorías en instancias cualquiera, y de los actos de autoridad que de ahí emanen, únicamente a cuestiones que atañen a su patrimonio, aquí usando patrimonio en sentido estricto respecto de los bienes que tienen vínculo jurídico con las auditorías, en este caso en particular, ASEY.

Cómo se aprecia, el Colegiado adoptó en este criterio que ahora se expone, una perspectiva de mera literalidad, es decir, planteó el problema desde simplemente analizar: **¿La Auditoría Superior del Estado de Yucatán acude al juicio de garantías en un acto de autoridad o asunto relacionado con la afectación de su patrimonio?,** a lo que se respondió en sentido negativo, por tratarse el acto reclamado de un auto de no vinculación en materia penal en la cual, el bien jurídico presuntamente lesionado es el patrimonio de un municipio que la Auditoría fiscaliza y no el propio, motivo por el cual no agota los presupuestos de interés jurídico ni legítimo y por lo tanto tampoco el presupuesto para ser parte, en este caso quejoso, en el juicio de amparo. Refuerza el Tribunal este criterio en el sentido siguiente:

> *(...) En efecto, aun cuando la Auditoría Superior quejosa denunció penalmente a diversas personas servidoras públicas municipales ante la Fiscalía investigadora por considerar que se cometieron hechos que el código punitivo local señala como delitos, sin embargo, esa denuncia la formuló en su carácter de órgano público fiscalizador y de representante de los intereses patrimoniales del Ayuntamiento de ******, Yucatán (sujeto pasivo) con base en el ejercicio de las facultades fiscalizadoras que con imperio realiza en relación al adecuado manejo y aplicación de los fondos y recursos públicos municipales,* ***y no como particular defendiendo derechos privados o patrimoniales del ente que representa, dado que las cantidades de dinero que probablemente se desviaron de los programas municipales, no forman parte de su patrimonio como persona moral oficial, sino que involucra recursos precisamente municipales***

(como incluso reconoce la quejosa en su demanda de amparo)*; razón por la que debe concluirse de manera indiscutible que, en la especie, la quejosa no actuó con la calidad de víctima u ofendida, que a su vez le permitiera acudir al juicio de amparo para sostener la ilegalidad del auto de no vinculación reclamado. (…)*

2. Seguidamente, el análisis de (b) abordado por el Tribunal Colegiado en el 150/2022. parte de las facultades de la Auditoría Superior del Estado de Yucatán consagradas en la carta magna yucateca en su numeral 43-bis, y delibera en el sentido siguiente:

"(…) Caso concreto:

*En este asunto, el órgano autónomo estatal aquí quejoso, Auditoría Superior del Estado de Yucatán, en uso de las atribuciones conferidas en el artículo 43 Bis, párrafo quinto, fracciones I, quinto párrafo, in fine, y IV, de la Constitución Política de esa entidad y derivado de su labor fiscalizadora en torno al manejo y aplicación de los fondos y recursos públicos municipales a cargo del Ayuntamiento de ******, Yucatán, durante la gestión municipal de dos mil quince a dos mil dieciocho -del que fueron integrantes los imputados-, acudió ante la Fiscalía Especializada en Combate a la Corrupción de esta entidad y puso de su conocimiento la comisión de hechos que el código punitivo local señala como delitos, así como la probabilidad de que los imputados intervinieron en su ejecución, a saber, ejercicio abusivo de funciones (cometido en pandilla), ejercicio abusivo de funciones y uso ilícito de atribuciones y facultades, todos en perjuicio del citado ente municipal, lo que propició se integrara la carpeta de investigación relativa y que, en su oportunidad, la Fiscalía especializada formulara la imputación.*
(…)

I).- Porque tales afectaciones no se actualizan en una relación en la que la mencionada Auditoría Superior se encuentre en un plano de igualdad frente a los servidores públicos o particulares señalados como probables responsables en el proceso penal, (…)

El Tribunal prosigue en su análisis y pone de relieve lo que a su juicio son las facultades de la Auditoría Superior del Estado de Yucatán, para considerarlas, de modo equivocado a nuestro juicio, aún más reducidas, puesto que en su argumentación abarca ya no solo la materia de amparo, sino que aborda también la calidad, atribución y funciones de la Auditoría en el procedimiento penal, para limitarla en esta materia a la mera *denuncia de hechos*. Delibera el colegiado en ese sentido:

> *" (...) Lo anterior es así, ya que el artículo 43 Bis de la Constitución Política local sólo otorga a la Auditoría Superior la representación del Estado para las actuaciones expresamente señaladas en tal precepto, entre ellas, intervenir ante la Fiscalía Especializada en Combate a la Corrupción para denunciar penalmente a servidores públicos ante la comisión de hechos que el código punitivo local fija como delitos en detrimento del patrimonio municipal, sin que deba considerarse que la tiene para cualquier acto jurídico relativo al proceso penal; intervención que, en el caso concreto,* ***se agotó cuando formuló la denuncia penal correspondiente y aportó a la investigación primaria los datos de prueba acopiados durante su labor de fiscalización.***
>
> ***Por ende, se trata de un órgano de vigilancia de los intereses patrimoniales estatales y municipales con capacidad para delatar -mediante la noticia criminosa respectiva- hechos que la ley señala como delitos y que, consecuentemente, no resiente una afectación a alguna de las facultades o derechos que se comprenden dentro de su patrimonio por haberse truncado el proceso penal.***
>
> *"ARTÍCULO 43 Bis.- La Auditoría Superior del Estado es un órgano con autonomía técnica, presupuestal y de gestión para el ejercicio de sus atribuciones, así como para decidir sobre su organización interna, funcionamiento y resoluciones en los términos que disponga la ley.*
>
> *La función de fiscalización se realizará conforme a los principios de legalidad, imparcialidad y confiabilidad. La Auditoría Superior del Estado podrá iniciar el proceso de fiscalización a partir del primer día hábil del ejercicio fiscal siguiente, sin*

perjuicio de que las observaciones o recomendaciones que, en su caso realice, deberán referirse a la información definitiva presentada en la cuenta pública.

Asimismo, por lo que corresponde a los trabajos de planeación de las auditorías, la Auditoría Superior del Estado podrá solicitar información del ejercicio en curso, respecto de procesos concluidos.

La Auditoría Superior del Estado tendrá a su cargo:

I.- Fiscalizar en forma posterior los ingresos, egresos y deuda pública; el manejo, la custodia y la aplicación de los fondos y recursos públicos estatales y municipales, así como realizar auditorías sobre el desempeño en el cumplimiento de los objetivos contenidos en los programas estatales y municipales, a través de los informes que se rendirán en los términos que disponga la ley.

En el caso de que el estado y sus municipios celebren empréstitos y obligaciones de pago con independencia del origen de los recursos afectados como garantía, la Auditoría Superior del Estado podrá fiscalizar el destino y ejercicio de los recursos correspondientes. Asimismo, fiscalizará los recursos estatales y municipales que se destinen y se ejerzan por cualquier entidad, persona física o moral, pública o privada, y los transferidos a fideicomisos, fondos y mandatos, públicos privados, o cualquier otra figura jurídica, de conformidad con los procedimientos establecidos en las leyes y sin perjuicio de la competencia de otras autoridades y de los derechos de los usuarios del sistema financiero.

Las entidades fiscalizadas a que se refiere el párrafo anterior deberán llevar el control y registro contable, patrimonial y presupuestario de los recursos del estado y los municipios que les sean transferidos y asignados, de acuerdo con los criterios que establezca la ley.

La Auditoria Superior del Estado podrá solicitar y revisar, de manera casuística y concreta, información de ejercicios anteriores al de la cuenta pública en revisión, sin que por este motivo se entienda, para todos los efectos legales, abierta nuevamente la cuenta pública del ejercicio al que pertenece la información solicitada, exclusivamente cuando el programa, proyecto o la erogación, contenidos en el presupuesto en revisión abarque para su ejecución y pago diversos ejercicios fiscales o se trate de revisiones sobre el cumplimiento de los objetivos de los programas. Las observaciones y recomendaciones que, respectivamente, la Auditoría Superior del Estado emita, solo podrán referirse al ejercicio de los recursos públicos de la cuenta pública en revisión.

Sin perjuicio de lo previsto en el párrafo anterior, en las situaciones y términos que determine la ley, derivado de denuncias, la Auditoría Superior del Estado, previa autorización del titular podrá revisar durante el ejercicio fiscal en curso a las entidades fiscalizadas, así como respecto de ejercicios anteriores. Las entidades fiscalizadas proporcionarán la información que se solicite para la revisión, en los plazos y términos señalados por la ley y, en caso de incumplimiento, serán aplicables las sanciones que en esta se prevean. La Auditoría Superior del Estado rendirá un informe específico y detallado al Congreso y, en su caso, remitirá el expediente y promoverá las acciones que correspondan ante el Tribunal de Justicia Administrativa del Estado de Yucatán, la Fiscalía Especializada en Combate a la Corrupción o a las autoridades competentes.

II.- Entregar al Congreso el último día hábil de los meses de junio y octubre, así como el 20 de febrero del año siguiente al de la presentación de la cuenta pública, los informes individuales de auditoría que concluya durante el periodo respectivo. Asimismo, en esta última fecha, deberá entregar el Informe General Ejecutivo del Resultado de la Fiscalización Superior de la cuenta pública estatal, el cual se someterá a la consideración del Pleno del Congreso. El informe general ejecutivo y los informes individuales serán de carácter público y tendrán el contenido que determine la ley; estos últimos incluirán como mínimo el dictamen de su revisión, un apartado específico con las observaciones de la Auditoría Superior del Estado, así como las justificaciones y aclaraciones que, en su caso, las entidades fiscalizadas hayan presentado sobre estas.

Para tal efecto, de manera previa a la presentación del informe general ejecutivo y de los informes individuales de auditoría, se darán a conocer a las entidades fiscalizadas la parte que les corresponda de los resultados de su revisión, para que estas presenten las justificaciones y aclaraciones que correspondan, las cuales deberán ser valoradas por la Auditoría Superior del Estado para la elaboración de los informes individuales de auditoría.

El titular de la Auditoría Superior del Estado enviará a las entidades fiscalizadas los informes individuales de auditoría que les corresponda, a más tardar a los diez días hábiles posteriores a que haya sido entregado el informe individual de auditoría respectivo al Congreso, los cuales contendrán las recomendaciones y acciones que correspondan para que, en un plazo de hasta treinta días hábiles, presenten la información y realicen las consideraciones que estimen pertinentes; en caso de no hacerlo se harán acreedores a las sanciones establecidas en ley. Lo anterior, no aplicará a las promociones de responsabilidades ante el Tribunal de Justicia Administrativa del Estado de Yucatán, las cuales se sujetarán a los procedimientos y términos que establezca la ley.

La Auditoría Superior del Estado deberá pronunciarse en un plazo de ciento veinte días hábiles sobre las respuestas emitidas por las entidades fiscalizadas, en caso de no hacerlo, se tendrán por atendidas las recomendaciones y acciones promovidas.

En el caso de las recomendaciones, las entidades fiscalizadas deberán precisar ante la Auditoría Superior del Estado las mejoras realizadas, las acciones emprendidas o, en su caso, justificar su improcedencia.

La Auditoría Superior del Estado deberá entregar al Congreso, el primer día hábil de los meses de mayo y noviembre de cada año, un informe sobre la situación que guardan las observaciones, recomendaciones y acciones promovidas, correspondientes a cada uno de los informes individuales de auditoría que haya presentado en los términos de esta fracción.

En dicho informe, el cual tendrá carácter público, la Auditoría incluirá los montos efectivamente resarcidos a la Hacienda Pública federal, estatal o municipal, según sea el caso, o al patrimonio de los entes públicos, como consecuencia de sus acciones de fiscalización, así como las denuncias penales presentadas y los procedimientos iniciados ante el Tribunal de Justicia Administrativa del Estado de Yucatán.

La Auditoría Superior del Estado deberá guardar reserva de sus actuaciones y observaciones hasta que rinda los informes individuales de auditoría y el Informe General Ejecutivo al Congreso a que se refiere esta fracción; la ley establecerá las sanciones aplicables a quienes infrinjan esta disposición.

III.- Investigar los actos u omisiones que impliquen alguna irregularidad o conducta ilícita en el ingreso, egreso, manejo, custodia y aplicación de fondos y recursos estatales y municipales, y efectuar visitas domiciliarias, para solicitar la exhibición de libros, papeles o archivos indispensables para la realización de sus investigaciones, sujetándose a las leyes y a las formalidades establecidas para los cateos.

IV.- Promover y denunciar, derivado de sus investigaciones, las responsabilidades administrativas o penales que sean procedentes ante el Tribunal de Justicia Administrativa del Estado de Yucatán y la Fiscalía Especializada en Combate a la Corrupción, para la imposición de las sanciones que correspondan a los servidores públicos y a los particulares.

El Congreso del estado designará al Auditor Superior del Estado por el voto de las dos terceras partes de sus miembros integrantes. La ley en la materia determinará el procedimiento para su designación. El Auditor Superior del Estado será electo para desempeñar su cargo por ocho años y podrá ser reelecto por una sola vez. Podrá ser removido, exclusivamente, por las causas graves que la ley señale, con la misma votación requerida para su nombramiento, o por las causas y conforme a los procedimientos previstos en el título décimo de esta Constitución.

Para ser titular de la Auditoría Superior del Estado se requiere cumplir, además de los requisitos establecidos en las fracciones I, IV, V, VI y VII del artículo 65 de esta Constitución, contar con título y cédula profesional, y acreditar, al menos, cinco años de experiencia en materia de control, auditoría financiera y de responsabilidad, los que señale la ley. Durante el ejercicio de

> *su encargo no podrá formar parte de ningún partido político, ni desempeñar otro empleo, cargo o comisión, salvo los no remunerados en asociaciones científicas, docentes, artísticas o de beneficencia.*
>
> *Los servidores públicos estatales y municipales, así como cualquier entidad, persona física o moral, pública o privada, fideicomiso, mandato o fondo, o cualquier otra figura jurídica, que reciban o ejerzan recursos públicos estatales o municipales deberán proporcionar la información, documentación y auxilios que soliciten la Auditoría Superior del Estado, de conformidad con los procedimientos establecidos en las leyes y sin perjuicio de la competencia de otras autoridades y de los derechos de los usuarios del sistema financiero. En caso de no proporcionar la información, los responsables serán sancionados en los términos que establezca la ley."*

El Colegiado, pasando por alto todo el *corpus* que fue aquí expuesto al respecto de la calidad procesal de los órganos de fiscalización en el proceso penal y auxiliándose y fundando su deliberación únicamente en el numeral 43 – bis, de la constitución yucateca, redujo *in extremis* la función de la auditoría en el procedimiento penal, función relacionada a los hechos y/o conductas relacionados con corrupción que advierta en uso de sus funciones, y sentenció que nuestro papel está únicamente en *aportar la noticia criminal y los datos de prueba*, lo que en síntesis, puede expresarse como que para el Colegiado, la Auditoría no abarca mayor aporte, parte ni calidad procesal que el de un *denunciante.*

Como consecuencia lógica a la segmentación del órgano de fiscalización a un mero *denunciante*, el Colegiado integró que por lo tanto no le asiste a esta auditoría la razón al momento de argumentar que se encuentra en un plano de igualdad al de un gobernado y/o particular, sino que, a nuestro juicio, disminuyó su atribución *erga omnes* a un grado aún menor, que es el de *denunciante* ya mencionado.

3. Finalmente se arriba al a conclusión de este tercer criterio analizado, y como va a resultar lógico, el Colegiado arribó en (c) a la conclusión de que al ser esta Auditoría una mera denunciante, no cumple con la horizontalidad para acudir al juicio de garantías, y máxime, no acude en dicho papel ni en el caso que nos ocupa, en función de verse afectado en sus patrimonio, sino como "denunciante" respecto del patrimonio de otros entes, a saber, aquellos que audita y fiscaliza, para sentenciar de la siguiente manera:

"(...)

-Conclusión-

En las relacionadas consideraciones, el órgano autónomo público aquí quejoso carece de legitimación para reclamar en un juicio de amparo directo la sentencia de segundo grado emitida en el proceso penal de origen que fue desfavorable a los intereses de la Fiscalía investigadora, en razón de que actúa como ente de derecho público en ejercicio del poder del cual está investido; es decir, el acto reclamado no deriva del conflicto suscitado con motivo de su actuación como sujeto de derecho privado o particular, de modo que dicha actuación no puede estar desvinculada de la prestación del servicio público a su cargo.

Al respecto, importa señalar que la Segunda Sala de la Suprema Corte de Justicia de la Nación, al resolver la contradicción de tesis 374/2016, dispuso que si el objeto del juicio de amparo es resolver toda controversia suscitada por actos u omisiones de la autoridad que violen los derechos humanos, no puede hacerse extensivo a las personas de derecho público, sino cuando opere la excepción a la regla que establece el ya comentado artículo 7 de la Ley de Amparo, es decir, cuando actúan como cualquier particular y en defensa de su patrimonio; de ahí que cuando lo hacen en su carácter de autoridad carecen de legitimación para promover el amparo.

De la referida contradicción de tesis derivó la jurisprudencia 2a./J. 128/2017 (10a.), publicada en la página 1022 de la Ga-

ceta del Semanario Judicial de la Federación, Décima Época, Libro 47, octubre de dos mil diecisiete, Tomo II, que dice:

"PERSONAS MORALES OFICIALES. CARECEN DE LEGITIMACIÓN PARA PROMOVER EL JUICIO DE AMPARO EN SU CARÁCTER DE AUTORIDAD, CON INDEPENDENCIA DE LAS VIOLACIONES QUE ADUZCAN.- La excepción contenida en el artículo 7o. de la Ley de Amparo es de aplicación estricta y constituye el único fundamento para que las personas morales oficiales promuevan el juicio de amparo. En esa tesitura, si el objeto del juicio constitucional es resolver toda controversia suscitada por actos u omisiones de la autoridad que violen los derechos humanos, no puede hacerse extensivo a las personas de derecho público, sino cuando opere la excepción a esta regla, es decir, cuando actúan como cualquier particular y en defensa de su patrimonio; de ahí que cuando lo hacen en su carácter de autoridad carecen de legitimación para promover el amparo, con independencia de la naturaleza sustantiva o adjetiva de las violaciones que pretendan hacer valer ante el Juez o tribunal federal, pues el indicado medio de control constitucional no debe operar para resolver controversias entre organismos públicos, ni como un simple recurso de casación, sino para la eficaz protección de los derechos humanos reconocidos por el Estado mexicano; habida cuenta que, siendo en esencia los derechos humanos restricciones al poder público, queda al margen de toda discusión que la autoridad no goza de éstos."

-Decisión-

En el contexto anotado, es patente que se actualiza la causa de improcedencia que prevé el artículo 61, fracción XXIII, en relación con el 7, párrafo primero, ambos de la Ley de Amparo, pues de la manera anotada el peticionario no justificó estar legitimado para promover el juicio de amparo; razón por la que procede sobreseer en este juicio con base en el numeral 63, fracción V, de la citada ley.

Por lo expuesto y fundado, y con apoyo en los artículos 74, 75 y 170, fracción I, de la Ley de Amparo, se resuelve:

*ÚNICO.- Se SOBRESEE en el juicio de amparo directo que promueve el AUDITOR SUPERIOR DEL ESTADO DE YUCATÁN, para reclamar la sentencia de veintitrés de mayo de dos mil veintidós que en grado de apelación pronunció la entonces denominada Primera Sala Colegiada del Sistema de Justicia Penal Acusatorio y de Ejecución de Sanciones y Medidas de Seguridad del Tribunal Superior de Justicia del Estado de Yucatán con sede en esta ciudad (hoy Primera Sala Colegiada Penal y Civil), en el toca número *******. (…)"*

– CRITERIO SOSTENIDO EN EL JUICIO DE AMPARO INDIRECTO 174/2023-IV, DEL ÍNDICE DEL JUZGADO SEXTO DE DISTRITO EN EL ESTADO DE YUCATÁN, CON RESIDENCIA EN MÉRIDA RESUELTO POR EL JUZGADO TERCERO DE DISTRITO DEL CENTRO AUXILIAR DE LA CUARTA REGIÓN, CON RESIDENCIA EN XALAPA, VERACRUZ.

Este criterio a estudiar resulta de alguna manera el más interesante de todos en el sentido de que involucró por su acto de autoridad de origen a (1) la Fiscalía Especializada en Combate a la Corrupción ejerciendo su atribución de archivo temporal en una investigación que dimanó de una noticia criminal interpuesta por este órgano de fiscalización, (2) al juez de control ante el que se recurrió (1) en ejercicio de las atribuciones de ASEY tal y como se expresaron en el capítulo correspondiente en las que al tenor literal se establece esta facultad de recurrir determinados actos emitidos por la representación social, y entra las que evidentemente se encuentra en archivo temporal que pretendía, y finalmente al (3) Juez de Distrito que resolvió el juicio de garantías ante el que se sometió la constitucionalidad de la negativa de acceder al control judicial emitida por (2).

Por lo tanto, en esta resolución estudiada, que fue resultado de una *escalada* hasta el control constitucional, resultó vencedor el criterio que aquí se defiende, abarcando la instancia en sede ministerial, judicial y de control constitucional.

Ahora bien, ya contextualizados acerca de la naturaleza del acto reclamado, la negativa a abrir audiencia de control judicial para someter a consideración del Juez de Control un archivo temporal en el que ASEY no concordaba con la representación social, procedemos al análisis ponderado desde nuestro silogismo de referencia.

El Juez de Distrito aborda desde una perspectiva que incluso desechó lo argumentado por el tercer interesado materializado por la representación de la Fiscalía de referencia:

*"(...) Así, el Director Jurídico de la Fiscalía Especializada en Combate a la Corrupción de Estado de Yucatán, en su carácter de parte tercera interesada, señaló que se actualiza la causa de improcedencia prevista en el artículo 61, fracción XII, de la Ley de Amparo, al considerar que la quejosa carece de interés jurídico para reclamar el acuerdo de once de noviembre dos mil veintidós, pues no tiene el carácter de parte en la carpeta de investigación ********** y su acumulada **********.*

> *Lo anterior resulta infundado, pues la parte quejosa sí cuenta con interés jurídico, ya que el acuerdo reclamado de once de noviembre de dos mil veintidós no fue emitido en la aludida carpeta de investigación, sino en el expedientillo ********* ante la solicitud del ******* ******** *** ****** ** ****** de llevar a cabo un control judicial.*
>
> *Así, el acto reclamado se encuentra dirigido a la amparista, esto es, se trata de un acto personal y directo, que le causa un perjuicio, al establecer la imposibilidad de acceder al control judicial respecto del archivo temporal decretado en la carpeta de investigación ********** y su acumulada ***********; de ahí que, se insiste, la parte quejosa sí cuenta con interés jurídico para promover el juicio de amparo.*
>
> *Por otro lado, el indicado tercero interesado, señala que se actualiza la causa de improcedencia establecida en el artículo 61,*

fracción XXIII, en relación con los artículos 6 y 7 de la Ley de Amparo, dado que la quejosa carece de legitimación para impugnar la determinación reclamada porque las personas morales públicas únicamente pueden promover el juicio de amparo cuando los actos reclamados afecten su patrimonio respecto de relaciones jurídicas en las que se encuentren en un plano de igualdad con los particulares; lo que se considera infundado.

Cabe señalar que respecto de la posibilidad que las personas morales públicas promuevan juicio de amparo, en la jurisprudencia 1a./J. 16/2018 (10a.), la Primera Sala de la Suprema Corte de Justicia de la Nación, ha establecido que el artículo 7 de la Ley de Amparo, reconoce la existencia de casos en los que se requiere la promoción del juicio de amparo, para evitar la imposición arbitraria de actos de ciertas autoridades que transgredan derechos de otras autoridades, para lo cual, se exigen dos elementos, a saber: (i) la existencia de una afectación patrimonial; y, (ii) que ésta se actualice en una relación en la que la autoridad se encuentre en un plano de igualdad con los particulares.

La jurisprudencia en cita es de datos de localización, rubro y texto siguientes:

"Suprema Corte de Justicia de la Nación. Registro digital: 2017263. Instancia: Primera Sala.
Décima Época.
Materias(s): Común. Tesis: 1a./J. 16/2018
(10a.).
Fuente: Gaceta del Semanario Judicial de la Federación.
Libro 55, Junio de 2018, Tomo II, página 875.
Tipo: Jurisprudencia.

PERSONA MORAL OFICIAL. CUANDO ES PARTE DE UN PROCEDIMIENTO JURISDICCIONAL TIENE LEGITIMACIÓN PARA PROMOVER EL JUICIO DE AMPARO, SIEMPRE Y CUANDO DE LA RELACIÓN SUBYACENTE NO SE ADVIERTA QUE ACUDE A DEFENDER UN ACTO EMITIDO DENTRO DE LAS FUNCIONES PÚBLICAS QUE TIENE ENCOMENDADAS.

El artículo 7o. de la Ley de Amparo establece una hipótesis de legitimación para que las personas morales oficiales puedan solicitar amparo para impugnar afectaciones que puede ocasionarles otra autoridad mediante un acto, una norma o una omisión. Se trata de un presupuesto procesal que exige a una autoridad que acredite una afectación patrimonial dentro de una relación en la que se encuentra en un plano de igualdad; esta limitante se justifica en atención a que la Federación, los Estados, el Distrito Federal (ahora Ciudad de México), los Municipios o cualquier persona moral pública no pueden considerarse titulares de derechos humanos; sin embargo, la Ley de Amparo reconoce que existen casos en los que se requiere la intervención de la Justicia Federal, a través del juicio de amparo, para evitar la imposición arbitraria de actos por ciertas autoridades que transgredan derechos de otras autoridades, para lo cual exige dos elementos: i) la existencia de una afectación patrimonial y ii) que dicha afectación se actualice en una relación en la que la autoridad se encuentre en un plano de igualdad con los particulares. En este sentido, de la interpretación de ambos supuestos se concluye que una persona moral oficial puede promover el juicio de amparo cuando exista una afectación patrimonial, es decir, una vulneración a alguna de las facultades, competencias o derechos que se comprenden dentro de su patrimonio, lo cual puede traducirse en términos monetarios y, además, dicha afectación debe darse en una situación jurídica en la que se encuentre en un plano de igualdad con los particulares, esto es, de manera subordinada frente a otra autoridad que con imperio le impone un acto de forma unilateral. En esas condiciones, una autoridad que forma parte de un procedimiento jurisdiccional actúa de manera subordinada, y los actos que se emitan en éste incidirán en sus intereses para ejercer su adecuada defensa, así acudirá al juicio de amparo para obtener una defensa de las posibles afectaciones que se cometan en el procedimiento, con la finalidad de obtener un resultado que beneficie a sus intereses; por tanto, tiene legitimación para promover el juicio, siempre y cuando de la relación subyacente no se advierta que acude a defender un acto emitido dentro de las funciones públicas que tiene encomendadas."

*Ahora bien, en el acuerdo reclamado de once de noviembre de dos mil veintidós, se determinó que la parte aquí quejosa carecía de legitimación para interponer el control judicial en contra del archivo temporal decretado en la carpeta de investigación ********* y su acumulada **********; pues no tenía el carácter de parte en las mismas, sino solo de denunciante.*

*En ese sentido, se aprecia que como aduce la parte quejosa, en términos de la fracción VI, del artículo 78, la Ley de Fiscalización de la Cuenta Pública del Estado de Yucatán, ésta resulta la garante de la hacienda pública para, hacer del conocimiento a la autoridad competente la posible comisión de hechos delictivos en términos de esa legislación, esto es, que representa las competencias o derechos que se comprenden dentro del patrimonio estatal que representa (no necesariamente su patrimonio directo), aunado a que el acto reclamado, está sometido a la potestad de la diversa autoridad señalada como responsable, Juez Primero de Control del Segundo Distrito Judicial del Sistema de Justicia Penal Acusatorio y Oral del Estado de Yucatán, con residencia en Kanasín, ello pues de las constancias del expedientillo ********, no se advierte que la parte quejosa, acuda a defender un acto emitido dentro de las funciones públicas que tiene encomendadas.*

De ahí lo infundado de la causa de improcedencia hecha valer, ya que se consideran actualizados los extremos contenidos en la jurisprudencia 1a./J. 16/2018 (10a.), citada con anterioridad, donde la Primera Sala de la Suprema Corte de Justicia de la Nación se ha pronunciado en el sentido que existen casos en los que se requiere la promoción del juicio de amparo, para evitar la imposición arbitraria de actos de ciertas autoridades que transgredan derechos de otras autoridades.

Es aplicable al respecto, la tesis de datos de localización, rubro y texto siguientes:

"Suprema Corte de Justicia de la Nación.
Registro digital: 2023144.
Instancia: Tribunales Colegiados de Circuito.
Undécima Época.
Materias(s): Común, Penal.
Tesis: XVIII.2o.P.A.8 P (10a.).
Fuente: Gaceta del Semanario Judicial de la Federación.
Libro 1, Mayo de 2021, Tomo III, página 2494.
Tipo: Aislada.

LEGITIMACIÓN PARA PROMOVER JUICIO DE AMPARO INDIRECTO CONTRA LA CONFIRMACIÓN POR PARTE DEL JUEZ DE CONTROL DE LA DETERMINACIÓN DEL MINIS-

TERIO PÚBLICO DE ABSTENERSE DE INVESTIGAR HECHOS PROBABLEMENTE DELICTIVOS. CUENTAN CON ELLA LAS SECRETARÍAS DE ESTADO EN SU CARÁCTER DE OFENDIDAS, CUANDO SE AFECTA EL PATRIMONIO DEL PODER EJECUTIVO, AL QUE REPRESENTAN.

Hechos: Una Secretaría de Estado, en representación del Poder Ejecutivo, ante su obligación de administrar, manejar, custodiar y atender la debida aplicación de los recursos federales a los programas en beneficio de las personas a los que se dirigen, acudió como ofendida ante el Ministerio Público a denunciar hechos probablemente delictivos, que producen menoscabo al erario público (desvío de recursos públicos); sin embargo, la representación social le notificó el acuerdo de abstención de investigar los hechos denunciados, el cual fue confirmado por el Juez de Control y en contra de esta decisión promovió juicio de amparo indirecto. El Juez de Distrito sobreseyó en el juicio, al estimar que se actualizó la causal de improcedencia prevista en el artículo 61, fracción XXIII, en relación con el diverso 7o., ambos de la Ley de Amparo, en virtud de que dicha persona moral oficial carecía de legitimación para promoverlo. Inconforme con esta determinación, interpuso recurso de revisión.

Criterio jurídico: Este Tribunal Colegiado de Circuito determina que las Secretarías de Estado, cuando acuden a denunciar hechos probablemente delictivos que afectan el patrimonio de quien representan (Poder Ejecutivo), se ubican en un plano de igualdad frente a los probables imputados, por lo que tienen legitimación para promover juicio de amparo indirecto contra la determinación del Juez de Control de confirmar la resolución del Ministerio Público sobre la abstención de investigarlos, al intervenir con el carácter de ofendidas en el procedimiento penal.

Justificación: Lo anterior, pues la Primera Sala de la Suprema Corte de Justicia de la Nación, en la tesis de jurisprudencia 1a./J. 16/2018 (10a.), de título y subtítulo:

"PERSONA MORAL OFICIAL. CUANDO ES PARTE DE UN PROCEDIMIENTO JURISDICCIONAL TIENE LEGITIMACIÓN PARA PROMOVER EL JUICIO DE AMPARO, SIEMPRE Y CUANDO DE LA RELACIÓN SUBYACENTE NO SE ADVIERTA QUE ACUDE A DEFENDER UN ACTO EMITIDO DENTRO DE LAS

> *FUNCIONES PÚBLICAS QUE TIENE ENCOMENDADAS.", sostiene que el artículo 7o. de la Ley de Amparo reconoce que existen casos en los que se requiere la intervención de la Justicia Federal a través del juicio de amparo, para evitar la imposición arbitraria de actos de ciertas autoridades que transgredan derechos de otras autoridades, para lo cual exige dos elementos: I) la existencia de una afectación patrimonial; y, II) que ésta se actualice en una relación en la que la autoridad se encuentre en un plano de igualdad con los particulares. En este sentido, de la interpretación de ambos supuestos concluyó que una persona moral oficial puede promover el juicio de amparo cuando exista una afectación patrimonial, es decir, una vulneración a alguna de las facultades, competencias o derechos que se comprenden dentro de su patrimonio, lo cual puede traducirse en términos monetarios y, además, dicha afectación debe darse en una relación jurídica en la que se encuentre en un plano de igualdad con los particulares y, por ende, subordinada frente a otra autoridad que, con imperio, le impone un acto de forma unilateral. Bajo ese contexto, se actualizan dichos supuestos jurídicos cuando una Secretaría de Estado, en representación del Ejecutivo, denuncia hechos probablemente delictivos que produzcan una afectación al patrimonio de ese Poder, al ubicarse en ese supuesto en un plano de igualdad frente a los probables imputados, en razón de que se somete a la jurisdicción de la autoridad facultada para realizar dicha investigación y después ante el Juez de Control (autoridad judicial) al impugnar, en su calidad de ofendida, las determinaciones de la Fiscalía de abstenerse de investigar los hechos denunciados, conforme al artículo 258 del Código Nacional de Procedimientos Penales." (...)"*

Para el caso particular de este juicio de amparo, el Juez federal, inicialmente invocó tesis que como hemos desarrollado, inicialmente exponen las consecuencias de clausurar el acceso al juicio de amparo por parte de personas morales oficiales, desde interpretaciones a la literalidad del 7 de la Ley de amparo, tesis que en su síntesis señalan por ejemplo que *los Municipios o cualquier persona moral pública no pueden considerarse titulares de derechos humanos; sin embargo, la Ley de Amparo reconoce que existen casos en los que se requiere la intervención de la Justicia Federal, a través del juicio de amparo, para evitar la imposición arbitraria de actos por ciertas autoridades que transgredan derechos de otras autoridades* . Si bien en un inicio puede parecer contraproducente a lo que hemos expuesto a lo largo de esta pieza de reflexión, nos parece un buen punto de partida lo señalado por la tesis en el sentido de exaltar la arbitrariedad que significaría no permitir el acceso a juicio de amparo a personas morales oficiales desde una argumentación, como dijimos, literal respecto del numeral 7 de la Ley de Amparo. En complemento, la segunda tesis que invoca el Juez tiende a la distinción entre de facultades/ funciones encomendadas de modo primigenio desde una vertiente de *imperio* y aquellas que detenta en horizontalidad con los gobernados. De esta manera, asienta las bases preliminares para superar (a), incluso (b) de nuevo en favor de la tesis aquí defendida no concediendo razón a la tercera interesada.

Ahora bien, en lo particular en cuanto a (b) y por lo tanto a (c), el Juez de Distrito hizo suyo el primer criterio aquí dirimido, incluso insertándolo, tal y como hemos pretendido en esta pieza, como *corpus* de argumentación esencial:

> *"(...)De modo que, al entender en sentido limitativo las figuras de ofendido y víctima, el juez del conocimiento desatendió el derecho de la parte quejosa atinente a que, al considerar transgredida una prerrogativa fundamental, puede ante la autoridad investigadora denunciar la probable comisión de un ilícito con el propósito de conocer la verdad y obtener justicia, en defensa de los intereses de, en este caso, el municipio que representa, así como impugnar las determinaciones emitidas por ésta que impliquen la omisión de investigar los delitos que le fueron puestos de su conocimiento.*
>
> *Por tanto, el juez responsable debió considerar los datos que se advertían del caso concreto, con el objeto de que Auditoría Superior del Estado de Yucatán, pudiera acudir a defender los intereses del Municipio de Huhí, Yucatán, el cual puede resentir una afectación, en un procedimiento asequible que le otorgue un real y efectivo acceso a la justicia, en el cual tenga la oportunidad de participar y ser escuchada.*

Se cita al respecto, por las consideraciones que lo integran, la jurisprudencia emitida por el Pleno en Materia Penal del Primer Circuito de datos de

localización, rubro y texto siguientes:
"Suprema Corte de Justicia de la Nación.
Registro digital: 2010163.
Instancia: Plenos de Circuito.
Décima Época. Materias(s): Común, Penal.
Tesis: PC.I.P. J/13 P (10a.).
Fuente: Gaceta del Semanario Judicial de la Federación.
Libro 23, Octubre de 2015,
Tomo III, página 2318.
Tipo: Jurisprudencia.

AUDITORÍA SUPERIOR DE LA FEDERACIÓN. TIENE INTERÉS JURÍDICO PARA PROMOVER JUICIO DE AMPARO INDIRECTO CONTRA EL ACUERDO QUE AUTORIZA EN DEFINITIVA EL NO EJERCICIO DE LA ACCIÓN PENAL, CUANDO ACTÚA COMO DENUNCIANTE EN UNA AVERIGUACIÓN PREVIA CON MOTIVO DEL EJERCICIO DE SUS FACULTADES CONSTITUCIONALES DE FISCALIZACIÓN.

De los artículos 74, fracciones II y VI, así como 79 de la Constitución Política de los Estados Unidos Mexicanos, se observa que a la Auditoría Superior de la Federación se encomendó la facultad de velar para que el ingreso, egreso, manejo, custodia y aplicación de fondos y recursos federales se ajusten a los lineamientos señalados en el presupuesto, además de constatar la consecución de los objetivos y las metas contenidas en los programas de gobierno; y derivado de dicha función, los artículos 14, 16 y 45 de la Ley de Fiscalización Superior de la Federación, vigente hasta el 29 de mayo de 2009, otorgaron al ente fiscalizador facultades para determinar los daños y perjuicios sufridos por el Estado en su hacienda pública federal o en el patrimonio de los entes públicos federales, y presentar las denuncias y querellas relativas, así como coadyuvar con el Ministerio Público; en suma, la Auditoría Superior de la Federación es el órgano encargado de salvaguardar la hacienda pública federal o el patrimonio de los entes públicos federales, independientemente de cuál sea el ente fiscalizado al que materialmente pertenezcan los recursos; por tanto, tiene interés jurídico para reclamar el acuerdo que autoriza en definitiva el no ejercicio de la acción penal en vía de amparo indirecto, cuando actúa como denunciante en una averiguación previa con motivo del ejercicio de sus facultades constitucionales de fiscalización; lo que es acorde con los numerales 9o. de la abrogada Ley de Amparo y 7o. de la vigente, ya que con esas facultades comparece a demandar el amparo como representante de la Federación, quien sufre la afectación patrimonial, actuando en un plano de igualdad, al someter su pretensión a la potestad del Ministerio Público de investigar los delitos, de acuerdo al artículo 21 constitucional."

*Finalmente, al resultar fundados los conceptos de violación analizados, procede conceder el amparo y protección de la Justicia Federal a ***** *** ****** ** ** ******** ** ******* ******** *** ****** ** *******, para el efecto de que el Juez Primero de Control del Segundo Distrito Judicial del Sistema de Justicia Penal Acusatorio y Oral del Estado de Yucatán, con residencia en Kanasín, una vez que cause ejecutoria esta sentencia, y se requiera su cumplimiento:*

*· Deje insubsistente el acuerdo de once de noviembre de dos mil veintidós, emitido en el expedientillo *******.*

· Dicte otro en el que, atendiendo a los argumentos de esta sentencia, admita el medio de impugnación promovido por el aquí quejoso, y someta a control judicial la determinación reclamada en el indicado expedentillo, resolviendo lo que corresponda.

Cabe precisar que los criterios judiciales, anteriores a la Décima Época del Semanario Judicial de la Federación, citados a lo largo de esta sentencia, son aplicables en términos del transitorio sexto, de la Ley de Amparo vigente a partir del tres de abril de dos mil trece, que establece que la jurisprudencia integrada conforme a la ley anterior continuará en vigor en lo que no se oponga a la actual ley de la materia. (...)"

– COROLARIO DE LA DIALÉCTICA DE CRITERIOS

En síntesis acerca de toda la sucesión argumental que se ha pretendido exponer a lo largo de este capítulo que fundamentalmente tiene por objeto exponer de modo pormenorizado los puntos coincidentes y contradictorios en los que se incurrieron en las resoluciones judiciales, se puede observar un sentido que favorece la superación del escollo de la interpretación restringida y superficial del 7 de la Ley de amparo cuando sin atender a la sistematicidad, se concluye que no se cumplen los presupuestos del numeral mencionado, debido a la antinomia *patrimonio fiscalizado vs patrimonio del fiscalizador;* para así abrir de par en par las puertas a los órganos de fiscalización al juicio de amparo cuando comparecen por causas que tienen origen en el ejercicio de sus funciones de *vigilantes* de las haciendas públicas de entes diversos a *sí mismos* y sus recursos.

5. La trascendencia del derecho humano a vivir en un ambiente libre de corrupción

En línea con lo anterior y sin que esto represente necesariamente algo puramente novedoso a lo ya planteado en la presente obra, nos permitimos robustecer la relevancia de los órganos de fiscalización superior en el combate a la corrupción en vínculo con la protección de los derechos fundamentales que creemos se lesionan al momento de no permitir acudir al control constitucional a las Auditorías. A tales efectos, nos permitimos transcribir la siguiente tesis aislada:

> *Suprema Corte de Justicia de la Nación*
> *Registro digital: 2021043*
> *Instancia: Tribunales Colegiados de Circuito*
> *Décima Época*
> *Materias(s): Constitucional, Penal*
> *Tesis: I.9o.P.255 P (10a.)*
> *Fuente: Gaceta del Semanario Judicial de la Federación. Libro 72, Noviembre de 2019, Tomo III, página 2335*
> *Tipo: Aislada*
>
> *DERECHO HUMANO A VIVIR EN UN AMBIENTE LIBRE DE CORRUPCIÓN. NO SE VIOLA POR EL HECHO DE QUE A UNA ASOCIACIÓN CIVIL QUE TIENE COMO OBJETO COMBATIRLA NO SE LE RECONOZCA EL CARÁCTER DE VÍCTIMA U OFENDIDO DEL DELITO QUE DENUNCIÓ, POR NO ESTAR DEMOSTRADO QUE COMO CONSECUENCIA DE ÉSTE SUFRIÓ UN DAÑO FÍSICO, PÉRDIDA FINANCIERA O MENOSCABO DE SUS DERECHOS FUNDAMENTALES.*
>
> *Si bien conforme a los artículos 6o., 108, 109 y 134 de la Constitución Política de los Estados Unidos Mexicanos y con la reforma que creó el Sistema Nacional Anticorrupción, publicada en el Diario Oficial de la Federación el veintisiete de mayo de*

> *dos mil quince, se advierte la existencia de un régimen de actuación y comportamiento estatal, así como de responsabilidades administrativas que tiene como fin tutelar el correcto y cabal desarrollo de la función administrativa y, por ende, establecer, en favor de los ciudadanos, principios rectores de la función pública que se traducen en una garantía a su favor para que los servidores públicos se conduzcan con apego a la legalidad y a los principios constitucionales de honradez, lealtad, imparcialidad y eficiencia en el servicio público y, en consecuencia, en el manejo de los recursos públicos y en la transparencia que debe permear en dichos temas; lo cierto es que aun cuando la quejosa, como asociación civil, conforme a su acta constitutiva, tiene como objeto combatir la corrupción y la impunidad a través de demandas, denuncias, quejas, querellas o cualquier instancia administrativa, ello no le da el carácter de víctima u ofendido del delito, si no está demostrado que sufrió un daño físico, pérdida financiera o menoscabo de sus derechos fundamentales, como consecuencia del delito que denunció en la carpeta de investigación respectiva, por lo que no existe violación al derecho humano a vivir en un ambiente libre de corrupción, en virtud de que la Constitución General de la República, el Código Nacional de Procedimientos Penales y la Ley General de Víctimas, no le dan facultad para participar en un procedimiento penal con dicho carácter.*[1]

La tesis aislada que se invoca establece que el derecho humano a vivir en un ambiente libre de corrupción no se viola por el hecho de que a una asociación civil que tiene como objeto combatirla no se le reconozca el carácter de víctima u ofendido del delito que denunció, si no está demostrado que como consecuencia de éste sufrió un daño físico, pérdida financiera o menoscabo de sus derechos fundamentales.

---

1 NOVENO TRIBUNAL COLEGIADO EN MATERIA PENAL DEL PRIMER CIRCUITO.
Amparo en revisión 216/2019. 3 de octubre de 2019. Unanimidad de votos. Ponente: Emma Meza Fonseca. Secretario: Martín Muñoz Ortiz. Esta tesis se publicó el viernes 15 de noviembre de 2019 a las 10:26 horas en el Semanario Judicial de la Federación.

En este contexto, es importante destacar la relevancia de las funciones de un órgano fiscalizador en relación a este derecho. Los órganos fiscalizadores, como la Auditoría Superior de la Federación, en su caso los órganos de fiscalización local, o las fiscalías especializadas en delitos de corrupción, tienen como función principal supervisar el correcto uso de los recursos públicos y prevenir y sancionar los actos de corrupción.

Esto implica que, si bien una asociación civil, como en el caso de la tesis en cita, que denuncia un acto de corrupción no necesariamente sufre un daño físico o financiero directo, sí se ve afectada en su *derecho humano a vivir en un ambiente libre de corrupción,* considerando incluso que ve *lesionado* dicho derecho y/o *bien jurídico.* Además, la labor de estas asociaciones civiles, podemos decir, es complementaria a la de los órganos fiscalizadores, ya que pueden realizar investigaciones y denuncias incluso ante estos en la materia respectiva que contribuyen a prevenir y combatir la corrupción.

Por lo tanto, se puede argumentar que el reconocimiento del carácter de víctima u ofendido del delito que denuncia una asociación civil no debería estar limitado únicamente a la demostración de un daño físico o financiero directo, sino que también debería considerarse la relevancia de su labor en la prevención y combate de la corrupción, en línea con el derecho humano a vivir en un ambiente libre de corrupción.

De dicho argumento, también puede desprenderse la legitimación de un órgano de fiscalización para ser quejoso en un juicio de amparo lo que a su vez robustece el argumento planteado en el capítulo correspondiente, pero que a su vez tiene valía propia, por relacionarse, como se verá a continuación, con los derechos humanos de los gobernados.

De acuerdo a la interpretación que creemos coherente y que deviene de la misma tesis, los órganos de fiscalización, como la Auditoría Superior de la Federación o los órganos de control interno de las dependencias y entidades públicas, tienen como función principal la fiscalización de los recursos públicos y la prevención y combate de la corrupción en el ejercicio de la función pública.

De acuerdo con la Ley de Amparo, los órganos constitucionales autónomos tienen legitimación para promover un juicio de amparo en defensa de sus atribuciones y funciones. En este sentido, se puede argumentar que un órgano de fiscalización que promueve un juicio de amparo en defensa de su función de fiscalización y combate a la corrupción, tiene, por lo tanto, legitimación para ser quejoso en dicho juicio.

Como se mencionó en el argumento anterior, y a lo largo de toda esta obra, la labor de los órganos de fiscalización es fundamental para garantizar el derecho humano a vivir en un ambiente libre de corrupción. Por lo tanto, su legitimación para ser quejoso en un juicio de amparo se justifica en la necesidad de proteger esta función y asegurar que se cumpla con la obligación constitucional de prevenir y combatir la corrupción en el ejercicio de la función pública, motivo por el cual, la deliberación encaminada a privar a los órganos de fiscalización como lo fue en nuestro caso, ASEY, de acceder al juicio de garantías, no tendría un alcance únicamente de un bloqueo *a priori* y per se, de un derecho de dichas personas morales oficiales, sino que transcendería a una afectación de la materialización del derecho humano aquí discutido.

Esta argumentación, y en general toda la aquí sostenida, encuentra cimentación jurídica no únicamente en el derecho puramente doméstico, sino que convencionalmente encuentra múltiples fundamentos toda vez que la propia reforma en materia de combate a la corrupción del año dos mil quince, giró en torno y en gran parte, a la convencionalidad y los acuerdos que México había suscrito internacionalmente, y que por supuesto, también suponen fuente de constitucionalidad.

A este respecto se pueden incorporar para robustecer tanto la relevancia de los órganos de fiscalización en la labor del combate a la corrupción, como por supuesto, la importancia capital del derecho humano aquí discutido de los siguientes instrumentos:

1. Convención de las Naciones Unidas contra la Corrupción (multilateral, 2003).

Del contenido de dicho instrumento internacional destaca en su contenido lo siguiente:

> *"(...)*
> *Artículo 9. Contratación pública y gestión de la hacienda pública*
> *(...)*
>
> *2.Cada Estado Parte, de conformidad con los principios fundamentales de su ordenamiento jurídico, adoptará medidas apropiadas para promover la transparencia y la obligación de rendir cuentas en la gestión de la hacienda pública. Esas medidas abarcarán, entre otras cosas:*
>
> *a) Procedimientos para la aprobación del presupuesto nacional;*
>
> *b) La presentación oportuna de información sobre gastos e ingresos;*
>
> *c) Un sistema de normas de contabilidad y auditoría, así como la supervisión correspondiente;*
>
> *d) Sistemas eficaces y eficientes de gestión de riesgos y control interno; y*
>
> *e) Cuando proceda, la adopción de medidas correctivas en caso de incumplimiento de los requisitos establecidos en el presente párrafo.*
>
> *3. Cada Estado Parte, de conformidad con los principios fundamentales de su derecho interno, adoptará las medidas que sean necesarias en los ámbitos civil y administrativo para preservar la integridad de los libros y registros contables, estados financieros u otros documentos relacionados con los gastos e ingresos públicos y para prevenir la falsificación de esos documentos.*
> *(...)*

Del contenido de este precepto, claramente se destaca la relevancia de la existencia de órganos de fiscalización y auditoría, a la par del diseño de un sistema administrativo y contable que permita que el ejercicio de los recursos públicos se ejerzan de modo eficaz y transparente lo que a su vez se complemente en la posibilidad de ejecución y sanción en el siguiente precepto del mismo ordenamiento:

> *"(...) Artículo 36. Autoridades especializadas*
>
> *Cada Estado Parte, de conformidad con los principios fundamentales de su ordenamiento jurídico, se cerciorará de que dispone de uno o más órganos o personas especializadas en la lucha contra la corrupción mediante la aplicación coercitiva de la ley. Ese órgano u órganos o esas personas gozarán de la independencia necesaria, conforme a los principios fundamentales del ordenamiento jurídico del Estado Parte, para que puedan desempeñar sus funciones con eficacia y sin presiones indebidas. Deberá proporcionarse a esas personas o al personal de ese órgano u órganos formación adecuada y recursos suficientes para el desempeño de sus funciones. (...)"*

Del numeral 36, y a su vez, de la especialización de la que goza la Auditoría Superior del Estado de Yucatán conforme a su derecho doméstico, devenida, por ejemplo, del multicitado numeral 43-bis de la Constitución yucateca que especifica autonomía *técnica*, podemos establecer que se trata, desde luego, de un órgano con las características que delimita la convención en dicha disposición, y en ese sentido se puede concluir que los órganos de fiscalización locales son parte medular de la materialización de un combate eficaz a la corrupción y en esa misma línea de la salvaguarda del derecho humano de los gobernados a un ambiente libre de corrupción.

2. Convención Interamericana Contra la Corrupción.

Se destacan los siguientes numerales:

> *"(...)*
> *Artículo II*

> *Propósitos*
>
> *Los propósitos de la presente Convención son:*
>
> *1. Promover y fortalecer el desarrollo, por cada uno de los Estados Partes, de los mecanismos necesarios para prevenir, detectar, sancionar y erradicar la corrupción; y*
>
> *2. Promover, facilitar y regular la cooperación entre los Estados Partes a fin de asegurar la eficacia de las medidas y acciones para prevenir, detectar, sancionar y erradicar los actos de corrupción en el ejercicio de las funciones públicas y los actos de corrupción específicamente vinculados con tal ejercicio. (...)"*

Del propósito general de la convención se destacan los dos aquí insertos, desde el cual tiene sentido la existencia y generación del Sistema Nacional Anticorrupción, y por lo tanto, de la coordinación de cada organismo que lo integra desde cada materia y especialización para abatir este fenómeno. Al respecto esto no hace más que robustecer la argumentación previamente inserta relacionada con la importancia de los órganos de fiscalización dentro del sistema mencionado.

En resumen y como conclusión de este capítulo, tanto las asociaciones civiles como los órganos de fiscalización tienen legitimación para ser quejosos en un juicio de amparo en defensa de sus funciones y atribuciones relacionadas con la prevención y combate a la corrupción y la protección del derecho humano a vivir en un ambiente libre de corrupción, por partir de presupuestos, a nuestro juicio, equivalentes.

6. Conclusión general

Hemos atravesado la *mayoría* de las aristas por las que la dinámica y vida jurídica de un órgano de fiscalización puede involucrarse. Establecimos un punto de partida desde la fundación en concreto y en abstracto del Sistema Nacional Anticorrupción, pasando por un breve extracto acerca del fenómeno de la corrupción, y posteriormente entramos de lleno al *fondo del asunto* que procuró un ascenso en cada escalafón jurídico en los que ASEY y su conceptualización genérica de Auditoría Superior ha tratado de colocarse.

Esta labor de ascenso argumental y lógico jurídico nos permite esbozar algunos parágrafos a modo de cierre:

1. Los órganos de fiscalización superior y su complejidad inherente acerca de su personería en instancias diversas, no nos parece que deba abordarse desde la simpleza de interpretaciones literales y aisladas de múltiples ordenamientos y criterios, sino que se hace el llamado y la recomendación desde la sede de auditoría y fiscalización que sobriamente aquí pretendió ocuparse, para asumir una mayor altura de miras que cimiente criterios en sedes diversas a partir del reagrupamiento sistemático de todas las fuentes del derecho que son tocantes de este tema, y que a nuestro parecer engendran un *corpus* que vertebra punto a punto, el lugar que por derecho legítimo le corresponden a las Auditorías.

2. En materia penal, no resulta coherente procurar por parte de las fiscalías especializadas y las instancias judiciales, criterios de restricción en los que se limite al órgano de fiscalización en el acceso a sus derechos que a nuestro juicio le asisten de modo medianamente claro, toda vez que estas limitaciones, contravienen el espíritu

de coordinación fundado por el SNA y también, lesionan la verdadera proyección del objeto y función toral de las Auditorías.

3. El control constitucional es una instancia abierta para los órganos de fiscalización bajo los supuestos que aquí se analizaron, porque de clausurar el acceso a esta instancia, no sólo hablaríamos de un menoscabo a dicho acceso legítimo, sino de una violación a derechos fundamentales de los gobernados que verán turbada la actualización de su derecho a vivir en un ambiente libre de corrupción.
4. Un esbozo de corolario más puntualizado y resumido, podría construirse desde las disciplinas y sedes en los que hemos tratado de justificar la legítima intervención de los órganos de fiscalización y enseguida, señalar el concepto, o bien principio, que esencialmente le permite esa intervención a dichas personas oficiales.

En *sede ministerial*, le proporciona calidad procesal, el hecho de la calidad/función de denunciante atribuida de modo expreso por la norma y legislación secundaria a los órganos de fiscalización. En otras palabras, la de dador de la noticia criminal cuando advierta causales en el ejercicio de su función primigenia, y que criterio del órgano ameriten una denuncia de hechos. Esto, como vimos, por si solo no agota una función de asesor jurídico en sede ministerial, pero aquello que le permite agotar esa figura, es la *especialización técnica* también dada por norma y ley, *que* los órganos de fiscalización detentan en su ciencia o arte, puesto que resulta una conclusión lógica y plausible que si el órgano *técnico* es el que *denuncia*, es este mismo el que desde sus consideraciones técnicas el que deba impulsar la investigación que inició. Lo anterior, sin perjuicio de las consideraciones que la legislación expresamente señala en cuanto a las prerrogativas que las Auditorías revisten relacionadas con las determinaciones hechas por la representación social.

En *sede Judicial – penal*, la argumentación procesal se ancla en causales similares a las de la sede ministerial, pero con el añadido de que los fiscalizadores, si bien no acuden en esta materia en defensa de sus bienes jurídicos, lo hacen como parte de su representación del Estado mexicano, tal y como se reflexionó líneas arriba y también se reflexionará en el cierre de esta obra.

Finalmente, en sede de *control constitucional*, las auditorías tienen acceso este y a nuestra consideración, por la subsunción del numeral 7 de la Ley de Amparo a partir de estar en horizontalidad con los gobernados cuando acuden a instancias iniciadas como parte de sus resultados de fiscalización y a su vez, por superarse la simple lectura literal en cuanto a la antinomia patrimonio directo de las Auditorías vs patrimonio de los Entes que fiscaliza y audita.

Todas estas sedes, y su legitimación para los órganos de fiscalización para intervenir en ellas, están también sostenidas transversalmente por el espíritu del SNA, que llama a una coordinación en cada una de ellas y las materias que tratan, con el objeto mandado desde la máxima jerarquía normativa, de un combate más efectivo a la corrupción.

Cómo colofón a la totalidad de esta obra, se destaca el argumento central de estudió que se asentó sobre el eje de la tesis jurisprudencial "***AUDITORÍA SUPERIOR DE LA FEDERACIÓN. TIENE INTERÉS JURÍDICO PARA PROMOVER JUICIO DE AMPARO INDIRECTO CONTRA EL ACUERDO QUE AUTORIZA EN DEFINITIVA EL NO EJERCICIO DE LA ACCIÓN PENAL, CUANDO ACTÚA COMO DENUNCIANTE EN UNA AVERIGUACIÓN PREVIA CON MOTIVO DEL EJERCICIO DE SUS FACULTADES CONSTITUCIONALES DE FISCALIZACIÓN***" que desde nuestro punto de vista, reviste de una concepción novedosa –sin importar que el criterio sea de hace varios años- de los órganos de fiscalización, que máxime, se robusteció a la luz de la reforma en combate a la corrupción del año dos mil quince. De esta manera, la forma de entender a los órganos de fiscalización en su calidad de representación del mismo Estado mexicano con el cometido de la protección de su patrimonio, elevan a los fiscalizadores en el escalafón de relevancia en todas las materias y sedes abarcadas por el SNA, y les abren nuevos panoramas que de uno u otro modo, les facultan y legitiman para intervenir en instancias de mayor relevancia y con mayor peso específico que a nuestro parecer sólo pueden abonar en un combate más efectivo del fenómeno de la corrupción.

7. *Excurso*

El criterio analizado en el capítulo correspondiente y en lo que concierne al Juicio de amparo 150/2022 que fue sobreseído a partir de las tesis contrapuestas a lo que aquí ha tratado de argumentarse, fueron recurridas ante la Suprema Corte de Justicia de la Nación, tal y como se expuso igualmente en un capítulo de esta obra en términos del intento por lograr la procedencia de un amparo en revisión por parte de la Superioridad, la cual cristalizó en la admisión por parte de dicho alto tribunal en el amparo en revisión 3627/2023, así como el correspondiente turno de denuncia de contradicción de criterios, acuerdo de admisión notificado a la ASEY por lista en fecha 21 de septiembre del año 2023, es decir, mientras la presente obra ya se encontraba en producción, motivo por el cual, la jurisprudencia o bien jurisprudencias resultantes, adversas o favorables, serán objeto de estudio y comentario para la presente obra en futuras ediciones.

Fuentes de consulta

Bianchi Pérez, P. B. (2009). Evolución del concepto de bien jurídico en la dogmática penal. Revista Semestral de Filosofía Práctica. No. 22, 2009. Mérida, Argentina: Red Universidad de Los Andes.

CARNEVALI RODRIGUEZ, Raúl. DERECHO PENAL COMO ULTIMA RATIO. HACIA UNA POLÍTICA CRIMINAL RACIONAL. Ius et Praxis [online]. 2008, vol.14, n.1 [citado 2023-05-31], pp.13-48. Disponible en: <http://www.scielo.cl/scielo.php?script=sci_arttext&pid=S0718-00122008000100002&lng=es&nrm=iso>. ISSN 0718-0012. http://dx.doi.org/10.4067/S0718-00122008000100002.

Chavarría Suárez, M. (2018). El Sistema Nacional anticorrupción en México. Ediciones y Gráficos Eón. México, D.F.

Código Penal Federal

Código Nacional de Procedimientos Penales

CONGRESO REDIPAL VIRTUAL IX Red de Investigadores Parlamentarios en Línea. Marzo-septiembre 2016. Ponencia presentada por Sujey Azucena Villar Godínez "LAS ANTINOMIAS Y EL PRINCIPIO PRO PERSONA: LA INTERPRETACIÓN DE LA LEY POR EL LEGISLADOR" Abril 2016. Av. Congreso de la Unión No. 66, Colonia El Parque; Código Postal 15969, México, DF. Consultable en https://www.diputados.gob.mx/sedia/sia/redipal/TEMA2/T2_CRV-IX-01-16.pdf

Código Penal del Estado de Yucatán

Constitución Política de los Estados Unidos Mexicanos

Constitución Política del Estado de Yucatán

Convención de las Naciones Unidas contra la Corrupción

Convención Interamericana Contra la Corrupción

Diccionario de la Real Academia Española de la Lengua en su versión electrónica.

Kaiser, M. y Kaiser, M. (2014). El combate a la corrupción: la gran tarea pendiente en México. México, D.F, Mexico: Editorial Miguel Ángel Porrúa.

Ley de Amparo, Reglamentaria de los Artículos 103 y 107 de la Constitución Política de los Estados Unidos Mexicanos.

Ley de Fiscalización de la Cuenta Pública del Estado de Yucatán

Ley de Fiscalización y Rendición de Cuentas de la Federación

Ley de Responsabilidades Administrativas del Estado de Yucatán

Ley del Sistema Estatal Anticorrupción de Yucatán

Ley General de Responsabilidades Administrativas

Ley General del Sistema Nacional Anticorrupción

Ley General de Víctimas

LONDONO LAZARO, María Carmelina. El principio de legalidad y el control de convencionalidad de las leyes: confluencias y perspectivas en el pensamiento de la Corte Interamericana de Derechos Humanos. Bol. Mex. Der. Comp. [online]. 2010, vol.43, n.128 [citado 2023-05-30], pp.761-814. Disponible en: <http://www.scielo.org.mx/scielo.php?script=sci_arttext&pid=S0041-86332010000200007&lng=es&nrm=iso>. ISSN 2448-4873.

ORTIZ, Horacio y VAZQUEZ, Daniel. Impunidad, corrupción y derechos humanos. Perf. latinoam. [online]. 2021, vol.29, n.57 [citado 2023-05-31], pp.167-194. Disponible en: <http://www.scielo.org.mx/scielo.php?script=sci_arttext&pid=S0188-76532021000100167&lng=es&nrm=iso>. Epub 06-Sep-2021. ISSN 0188-7653. https://doi.org/10.18504/pl2957-007-2021.

Norma Profesional del Sistema Nacional de Fiscalización No. 1. Normas Profesionales del Sistema Nacional de Fiscalización.

Piva Torres, G. E. y Delgado Rueda, E. N. (2020). Teoría del bien jurídico tutelado por el derecho penal español: referencia a los principales bienes jurídicos de los tipos penales del código penal., J.M. BOSCH EDITOR, Barcelona, España.

Reglamento Interior de la Auditoría Superior del Estado de Yucatán.

Reporte CESOP, núm. 145, junio de 2022. Publicación bimestral del Centro de Estudios Sociales y de Opinión Pública de la Cámara de Diputados, Av. Congreso de la Unión 66, Edificio I, primer piso, Col. El Parque, Ciudad de México, CP 15960. Disponible en https://portalhcd.diputados.gob.mx/PortalWeb/Micrositios/314fb6d0-bc7a-4a95-8784-1f72f3d40ba8.pdf

Reyes Altamirano, R. (2017). Guía sobre el procedimiento de responsabilidad en el Sistema Nacional Anticorrupción. Tax Editores Unidos. México, D.F, México.

Sánchez Gil, R. (2018). Reforma al juicio de amparo. México, D.F, Mexico: FCE - Fondo de Cultura Económica.

Santacruz Fernández, Roberto, & Santacruz Morales, David. (2018). El nuevo rol de la víctima en el sistema penal acusatorio en México. Revista de Derecho (Universidad Católica Dámaso A. Larrañaga, Facultad de Derecho), (17), 85-112. https://doi.org/10.22235/rd.v0i17.1572

Semanario Judicial de la Federación en su versión electrónica